有机农产品认证
工作指南

 中绿华夏有机产品认证中心　组织编写

中国农业科学技术出版社

图书在版编目（CIP）数据

有机农产品认证工作指南 / 中绿华夏有机产品认证中心组织编写. --北京：中国农业科学技术出版社，2023.6

ISBN 978-7-5116-6310-8

Ⅰ.①有… Ⅱ.①中… Ⅲ.①有机农业—农产品—产品质量认证—中国—指南 Ⅳ.①F326.5-62

中国国家版本馆CIP数据核字（2023）第110647号

责任编辑　史咏竹
责任校对　马广洋
责任印制　姜义伟　王思文

出 版 者	中国农业科学技术出版社 北京市中关村南大街12号　邮编：100081
电　　话	（010）82105169（编辑室）　（010）82109702（发行部） （010）82109709（读者服务部）
网　　址	https://castp.caas.cn
经 销 者	各地新华书店
印 刷 者	北京建宏印刷有限公司
开　　本	170 mm×240 mm　1/16
印　　张	14.75
字　　数	265千字
版　　次	2023年6月第1版　2023年6月第1次印刷
定　　价	59.00元

———— 版权所有·侵权必究 ————

《有机农产品认证工作指南》编委会

主　　编　夏兆刚　栾治华　刁品春

执行主编　唐　韧　田　岩　张　慧　潘娅慧　高秀文

副 主 编　冯淑环　沈　月　孙　坤　段　锦　赵　骞
　　　　　　林园耀

参编人员（以姓氏笔画为序）
　　　　　　王　卫　王二平　王鹏超　吕佳淑　朱凯莉
　　　　　　李梦媛　林园园　高　杨　熊欣欣　潘思莹

技术编审　刘羿均

主　　审　王华飞

前　言

党的二十大报告指出"必须牢固树立和践行绿水青山就是金山银山的理念，站在人与自然和谐共生的高度谋划发展"，这是发展理念和发展方式的深刻转变，必须坚定不移走生态优先、绿色发展之路。有机农业作为农业发展的重要方向，具有环保、健康和可持续的特点，是实现农业可持续发展核心路径之一，是实现农业绿色转型以及全面践行"绿水青山就是金山银山"理念的重要途径，对于建设农业强国，推进农业农村现代化，满足城乡人民对绿色化、优质化、特色化、品牌化农产品消费需求的意义重大。

我国有机农业的发展始于20世纪90年代，其间经历了从无序到有序、从自觉到全社会倡导、从民间行为到政府鼓励和引导的发展阶段。随着我国有机产品国家标准和相关法律法规的颁布实施，以及对有机产品生产、认证、贸易的严格监管，近十年来我国的有机农业开始进入规范化、法制化的轨道。有机农产品认证面积不断扩大，截至2022年年底，我国有机认证作物种植面积达到420.6万公顷，年产量2 143.4万吨；国内外的贸易量逐年增长，2022年我国有机产品贸易额达到900多亿元，居世界第四位，中国的有机产业已经成长为一个千亿级产业，并且随着中央和地方相继出台一系列支持政策，中国的有机农业将保持快速发展态势，潜力巨大。

中绿华夏有机产品认证中心（COFCC）是国家认证认可监督管理委员会批准成立的第一家有机产品认证机构，是农业农村部专门推动有机农业和有机农产品发展的机构。为了更好地指导有机农产品生产企业开展相关工作，助力我国有机农业高质量创新发展，中绿华夏有机产品认证中心根据多年积累的有机工作经验组织编写了本书。本书概述了中国有机农业法规和标准体系，解读了GB/T 19630—2019《有机产品 生产、加工、标识与管理体系要求》和CNCA-N-009：2019《有机产品认证实施规则》的修订条款，介绍了主要发达国家与地区的有机产品认证体系，并以中绿华夏有机产品认证中心的工作为例，详细讲解了有机产品认证程序、认证申请材料编制、认证标识和销售证管理等相关要求。

本书的编写和出版得到了中国绿色食品发展中心的大力支持和帮助，在此表示感谢。同时，衷心希望广大读者对本书的欠妥之处给予批评指正。

编　者

2023年3月

目 录

第一章 新版标准及实施规则变化解读 ·· 1
第一节 中国有机产品认证法律法规与标准体系概述 ························· 1
第二节 GB/T 19630—2019《有机产品 生产、加工、标识与管理体系要求》修订内容解读 ··· 5
第三节 CNCA-N-009：2019《有机产品认证实施规则》修订内容解读 ··· 19

第二章 主要发达国家与地区的有机认证体系 ·································· 42
第一节 欧盟有机认证体系 ·· 42
第二节 美国有机认证体系 ·· 52
第三节 日本有机认证体系 ·· 64

第三章 COFCC有机产品认证指南 ··· 76
第一节 有机产品认证程序指南 ··· 76
第二节 批准、拒绝、扩大、缩小、变更、注销、暂停、恢复、撤销认证的条件和程序 ·· 81
第三节 有机产品认证收费管理细则 ·· 88
第四节 有机产品认证标识使用指南 ·· 93
第五节 有机产品销售证申请指南 ·· 100

第四章　COFCC 有机产品认证申请文件说明及范例 …… 103
第一节　植物生产有机认证申请文件范例 …… 103
第二节　加工有机认证申请文件范例 …… 145

附录 1　有机产品认证管理办法 …… 169
附录 2　有机产品认证实施规则 …… 178
附录 3　有机产品认证目录 …… 198
附录 4　认监委关于发布新版《有机产品认证证书编号规则》和《有机产品认证标志编码规则》的公告 …… 225

第一章
新版标准及实施规则变化解读

第一节 中国有机产品认证法律法规与标准体系概述

一、中国有机产品认证法律法规与标准体系

随着人民生活水平的不断提高,公众对食品安全日益关注,有机产品逐渐成为消费者关注的重点。为了不断规范与推动国内有机行业发展、增强有机产品消费者信心、促进有机产品国际贸易,国家相关部门相继出台了针对有机产品的法律法规、部门规章等文件,目前已经形成了较为完善的法律法规与标准体系。

(一)法律法规

2003年8月,《中华人民共和国认证认可条例》(国务院令第390号)发布,于同年11月1日起施行,后来分别于2016年与2020年进行了两次修订。该条例是规范认证认可活动的唯一单行法规,确立了涉及认证认可工作的基本原则、认证机构审批设立、认证认可活动及其监督管理等方面的要求,对于规范中国认证认可工作提供了基础的法律保障。

此外,《中华人民共和国农产品质量安全法》《中华人民共和国食品安全法》《中华人民共和国质量法》《中华人民共和国进出口商品检验法》《中华人民共和国标准化法》《中华人民共和国计量法》《中华人民共和国标准化法实施条例》等法律法规文件也从不同角度直接或间接地对有机产品生产及其认证活动提出了相关规定与要求。

（二）部门规章

1.《有机产品认证管理办法》

2004年11月5日,《有机产品认证管理办法》（国家质量监督检验检疫总局令第67号）发布,2005年4月1日起生效。《有机产品认证管理办法》对有机认证活动实施、认证证书和认证标志、监督管理等有机产品认证相关的事宜都进行了明确的规定。2013年,鉴于当时国内外有机行业发展的新形势,国家认证认可监督管理委员会（简称国家认监委或认监委）启动了《有机产品认证管理办法》的修订工作,2013版《有机产品认证管理办法》（国家质量监督检验检疫总局令第155号）于2013年11月15日发布,自2014年4月1日起施行。2013版《有机产品认证管理办法》修订内容较多,变动较大,增加了目录式的有机产品认证管理方式,建立了统一的有机码与有机证书编号制度,统一了有机认证证书格式和认证标志,取消了有机转换证书与有机转换认证标志,建立了销售证制度以加强有机产品销售环节的管理,增加了对进口有机产品的具体要求。此后,《有机产品认证管理办法》又分别于2015年和2022年进行了两次修订。

2.《认证机构管理办法》

《认证机构管理办法》（国家质量监督检验检疫总局令第141号）于2011年7月20日发布,2011年9月1日起生效。此后,又分别于2015年和2017年进行了两次修订。《认证机构管理办法》对在我国开展认证活动的认证机构的资质审批、行为规范、监督管理、法律责任进行了详细的规定。

3.《认证证书和认证标志管理办法》

《认证证书和认证标志管理办法》（国家质量监督检验检疫总局令第63号）于2004年6月23日发布,2004年8月1日起生效,后来又分别于2015年和2022年进行了两次修订。

（三）行政规范性文件

主要包括《有机产品认证实施规则》《有机产品认证目录》《关于启用国家有机产品认证标志备案系统的公告》等由国家认监委发布的文件。其中,《有机产品认证目录》于2012年1月13日由国家认监委初次发布,于2012年3月1日起施行,划定了在中国境内可以认证为有机产品的产品名录。《有机产品认证目录》经过多次的增补与调整,最新的版本于2022年12月23日以国家认监委第16号公告的形式发布并实施。

（四）国家标准

GB/T 19630《有机产品　生产、加工、标识与管理体系要求》规定了有机产品生产、加工、经营、标识与销售，以及对有机生产者、加工者、经营者所建立的管理体系的具体要求，是进行有机产品生产、加工、经营的重要依据。

（五）其他文件

主要包括《实施有机产品认证的认证机构认可方案》等认可相关文件，以及《有机产品认证检查员注册准则》等人员资质要求文件。

以上文件中，《有机产品认证管理办法》《有机产品认证实施规则》《有机产品认证目录》及GB/T 19630有机产品国家标准构成了我国有机产品认证制度的核心，也是有机产品相关从业者应重点关注的文件。

二、有机产品国家标准历次修订概况

2005年，国家认监委组织相关领域机构与专家首次编写有机产品国家标准，GB/T 19630—2005《有机产品》于2005年1月19日发布，2005年4月1日开始实施。该标准内容涉及有机产品生产、加工、标识与销售、管理体系四个方面。该标准对农作物、食用菌、野生采集、畜禽养殖、水产养殖、蜜蜂养殖行业的有机产品生产、加工、标识与销售作出了详细的规定，同时，还对有机产品生产者与加工者的管理体系作出了规定。自此，我国有了第一部国家层面的有机产品标准，为我国有机产业的发展奠定了基础。

2008年，鉴于当时国内外有机产业发展的新形势，国家认监委开始启动第一次有机产品国家标准的修订工作，根据当时我国有机产品认证与发展过程中存在的问题及相关修改意见，参照国际标准和发达国家有机农业相关法规标准，完成了GB/T 19630—2011《有机产品》的修订工作，并于2012年3月1日发布实施。该版标准增加了引言部分，描述了有机农业的四大基本原则；增加了通则部分，对植物、动物、微生物生产与加工中的共性问题提出了要求；增加了设施农业、芽菜、饲料生产和加工的相关要求，以及动物福利（畜舍和活动空间）的具体量化要求；针对有机生产中允许使用的投入物作出了更明确的规定，对有机生产中部分环节（如缓冲带、轮作）要求更为严格，针对终产品的检测、标识与销售提出了更为具体的要求。

2014年，国家认监委再次组织相关机构与专家对有机产品国家标准进行了修订，由于修订内容较少，此次修订由国家标准化管理委员会2014年第3号公告发布，以修改单的形式对GB/T 19630—2011进行了修订。

随着有机行业的不断发展、国内外情况的不断变化，2015年年底，国家认监委向国家标准化管理委员会提出了有机产品国家标准的修订计划，自2016年开始，先后组织相关机构、专家、认证企业，经过大量的调查与研究，最终修订完成了GB/T 19630—2019《有机产品　生产、加工、标识与管理体系要求》，并发布实施至今。

三、《有机产品认证实施规则》修订概况

《有机产品认证实施规则》的修订工作与有机产品国家标准的修订工作基本同步。

2005年，在开始有机产品国家标准的编写工作后，国家认监委也于同期启动了《有机产品认证实施规则》的制订工作，《有机产品认证实施规则》（国家认监委2005年第11号公告）2005年6月1日发布实施。《有机产品认证实施规则》对认证程序、认证后管理、认证证书、标志和标识、认证收费等有机产品认证实施环节所涉及的主要活动均作出了具体的要求与规定，它是对有机认证机构开展有机产品认证的统一要求，对规范有机产品认证活动，促进我国有机行业规范可持续发展起到了积极的作用。

2009年，为进一步规范有机产品认证活动，提高认证活动的有效性，国家认监委启动了《有机产品认证实施规则》的第一次修订工作，修订后的实施规则于2012年3月1日起正式实施。与原实施规则相比，修订后的实施规则内容变化较大，增加了认证机构要求、认证人员要求、销售证要求、再认证要求和信息报告要求，规定了有机产品认证证书与有机产品销售证书格式、有机产品认证证书编码规则、国家有机产品认证标志编码规则等，对认证机构、认证人员、申请认证条件、现场检查实施环节的要求更为严格，进一步细化和统一了认证程序，增加了不予批准认证的条件，修改了有机产品认证标志使用要求。自此以后，中国有机产品认证活动日益严格规范，更加有序健康发展。

随着有机产品国家标准修订工作的启动，《有机产品认证实施规则》也先后在2014年和2015年进行了两次修改，并由国家认监委发布实施，最新版的《有机产品认证实施规则》于2020年1月1日开始实施。

第二节　GB/T 19630—2019《有机产品　生产、加工、标识与管理体系要求》修订内容解读

国家市场监督管理总局和中国国家标准化管理委员会于2019年8月30日发布了GB/T 19630—2019《有机产品　生产、加工、标识与管理体系要求》（以下简称为2019版标准），该标准于2020年1月1日起开始实施。

从结构上看，此次修订将原GB/T 19630.1—2011《有机产品　第1部分：生产》、GB/T 19630.2—2011《有机产品　第2部分：加工》、GB/T 19630.3—2011《有机产品　第3部分：标识与销售》、GB/T 19630.4—2011《有机产品　第4部分：管理体系》4个标准（以下简称为2011版标准）合并为一个标准，将2011版标准对应条款的内容进行了合并与调整，合并后的2019版标准包括范围、规范性引用文件、术语和定义、生产、加工、标识和销售、管理体系等几部分内容。

由于2011版标准引言中提出的有机农业基本原则"健康、生态、公平、关爱"在2019版标准各部分都有所体现，因此，此次修订删除了引言部分。

从修订的具体内容与修订原则来看，此次标准的修订与有机产品认证规则的修订相对应，对相应内容的修订主要是为了更加适应行业的发展，使其可操作性更强。

附录部分，本次标准修订将2011版标准的附录进行了整合并统一编号，附录A、附录B、附录E、附录F中允许使用的物质及其使用条件、来源和说明都有部分增删或修订，尤其是附录E，此次修订根据GB 2760《食品安全国家标准　食品添加剂使用标准》最新版本，并结合最新版的《有机产品认证目录》中可认证的加工产品名录，对附录E中允许使用的物质及其使用条件进行了相应的修改。

本节将针对此次修订中主要的变动内容进行解读。

一、范　围

此次修订将2011版各相关标准的范围进行了合并，涉及内容未发生变化。

二、规范性引用文件

由于2011版标准中引用的部分国家标准已经修订,所以此次标准修订同步更新了引用文件,例如GB 2760《食品安全国家标准 食品添加剂使用标准》、GB 3095《环境空气质量标准》、GB 14881《食品安全国家标准 食品生产通用卫生规范》、GB 15618《土壤环境质量 农用地土壤污染风险管控标准》等,此外,新增了GB 20814《染料产品中重金属元素的限量及测定》和GB 23350《限制商品过度包装要求 食品和化妆品》两个标准,删除了GB 9137《保护农作物的大气污染物最高允许浓度》、GB/T 16764《配合饲料企业卫生规范》两个已作废的标准。GB 15618、GB 2760等标准内容变化较大,有机生产、加工、经营、认证等相关从业者应关注并持续跟踪这些引用标准的变化。

三、术语和定义

此次修订合并了2011版标准中的所有术语和定义,删除有机农业和生物多样性的定义,根据GB 2760《食品安全国家标准 食品添加剂使用标准》中关于加工助剂的定义修改了加工助剂的描述,修改了关于有机产品、有机产品生产者、有机产品加工者、有机产品经营者的描述,增加了有机生产和有机加工的定义。

四、生 产

(一)植物生产

【2011版标准条款】

5.1.5 野生植物采集、食用菌栽培(土培和覆土栽培除外)、芽苗菜生产可以免除转换期。

【2019版标准条款】

4.2.1.5 芽苗菜生产可以免除转换期。

【条款解读】

2019版标准将原条款中的"野生植物采集、食用菌栽培(土培和覆土栽培除外)"内容删除,并不意味着野生植物采集及食用菌不能免除转换期,而是将这些内容转移到了野生采集及食用菌栽培的相应条款。

【2011版标准条款】

> **5.3 产地环境要求**
>
> 有机生产需要在适宜的环境条件下进行。有机生产基地应远离城区、工矿区、交通主干线、工业污染源、生活垃圾场等。
>
> 产地的环境质量应符合以下要求：
> a）土壤环境质量符合GB 15618中的二级标准；
> b）农田灌溉用水水质符合GB 5084的规定；
> c）环境空气质量符合GB 3095中二级标准和GB 9137的规定。

【2019版标准条款】

> **4.2.3 产地环境要求**
>
> 有机产品生产需要在适宜的环境条件下进行，生产基地应远离城区、工矿区、交通主干线、工业污染源、生活垃圾场等，并宜持续改进产地环境。
>
> 产地的环境质量应符合以下要求：
> a）在风险评估的基础上选择适宜的土壤，并符合GB 15618的要求；
> b）农田灌溉用水水质符合GB 5084的规定；
> c）环境空气质量符合GB 3095的规定。

【条款解读】

2019版标准此条款中增加了"并宜持续改进产地环境"的内容，旨在体现有机生产的生态效益及其环境友好的宗旨，要求有机生产者不仅要在从事有机生产前选择适宜的环境开展有机生产，在从事有机生产的过程中也要持续改进产地环境，保证有机生产的可持续性，同时改善周边生态环境。

2019版标准与实施规则修订均贯穿了"风险评估"的理念，有机生产者、加工者、经营者及认证机构应建立风险意识，及时识别影响有机生产、加工、经营的风险因素，并采取有效措施以减小其对有机完整性的影响。此外，GB 15618—2018《土壤环境质量 农用地土壤污染风险管控标准》与旧版标准相比，有较大变化，有机生产者与相关从业人员应关注该标准的具体内容并跟进此标准的修订情况。

【2011版标准条款】

5.10.4 如使用清洁剂或消毒剂清洁设备设施时，应避免对产品的污染。

【2019版标准条款】

4.2.11.4 对设备设施进行清洁、消毒时，应按照表A.3的要求使用清洁剂和消毒剂，并避免对产品的污染。

【条款解读】

此条款明确了在有机产品生产过程中，对生产设备设施进行清洁和消毒时可具体使用的清洁剂和消毒剂种类及其使用要求，有机生产者及相关从业人员应关注并了解相关内容。

（二）野生采集

【2011版标准条款】

6.2 野生植物采集区应是在采集之前的36个月内没有受到任何禁用物质污染的地区。

【2019版标准条款】

4.3.2 野生采集区应远离排污工厂、矿区、垃圾处理场地、常规农田、公路干线等污染源。野生采集区应是在采集之前的36个月内没有受到本标准允许使用投入品之外的物质和重金属污染的地区。

【条款解读】

2019版标准进一步明确了野生采集区域的环境条件，增加了"野生采集区应远离排污工厂、矿区、垃圾处理场地、常规农田、公路干线等污染源"的要求；同时，对2011版标准中的"任何禁用物质"进行了更详细的阐述，标准中所述"任何禁用物质"指"本标准允许使用投入品之外的物质"；此外，部分野生采集区域由于受到环境污染，土壤中重金属的含量较高，可能会对野生采集产品造成污染，此类区域不适宜进行有机产品的采集。有机生产者应提供相应的文件以证明野生采集区域环境符合标准要求。

【2011版标准条款】

6.4 采集活动不应对环境产生不利影响或对动植物物种造成威胁，采集量不应超过生态系统可持续生产的产量。

【2019版标准条款】

4.3.4 采集活动不应对环境产生不利影响或对生物物种造成威胁，采集量不应超过生态系统可持续生产的产量。

【条款解读】

2019版标准将原条款中"动植物物种"改为"生物物种"，因为生态系统中不仅包括动物和植物，还有微生物，修改之后文字表述更为准确，要求更加严格。

（三）食用菌栽培

【2011版标准条款】

无对应条款。

【2019版标准条款】

4.4.1 在同一生产单元内，不应存在平行生产。

【条款解读】

此条款为新增条款，与植物生产部分要求相同，2019版标准要求在食用菌生产过程中，在同一生产单元内，不应存在平行生产，即在同一生产单元内，不能同时生产同一种类或品种难以区分的有机与常规食用菌品种，易于区分的品种除外。

（四）畜禽养殖

【2011版标准条款】

8.4.1 畜禽应以有机饲料饲养。饲料中至少应有50%来自本养殖场饲料生产基地或本地区有合作关系的有机农场。饲料生产和使用应符合第5章植物生产和表B.1的要求。

【2019版标准条款】

4.5.4.1 畜禽应以有机饲料饲养。饲料中至少应有50%来自本养殖场饲料种植基地或本地区有合作关系的有机生产单元。饲料生产、收获及收获后处理、包装、贮藏和运输应符合4.2和4.8的要求。

【条款解读】

2019版标准增加了饲料"收获及收获后处理、包装、贮藏和运输"环节的要求。除生产外，畜禽养殖饲料的收获及收获后处理、包装、贮藏和运输也须符合2019版标准4.2和4.8相关部分的要求。

【2011版标准条款】

8.4.10 添加的维生素应来自发芽的粮食、鱼肝油、酿酒用酵母或其他天然物质；不能满足畜禽营养需求时，可使用人工合成的维生素。

【2019版标准条款】

4.5.4.10 添加的维生素应来自发芽的粮食、鱼肝油、酿酒用酵母或其他天然物质；不能满足畜禽营养需求时，使用表B.1中列出的人工合成的维生素。

【条款解读】

2019版标准将原条款中的"可使用人工合成的维生素"修订为"使用表B.1中列出的人工合成的维生素"，文字表述上更为准确，有机畜禽养殖者及相关从业人员应关注表B.1列出的产品种类，并持续跟踪其变化。

【2011版标准条款】

8.5.3 应使所有畜禽在适当的季节能够到户外自由运动。但以下情况可例外：
  a）特殊的畜禽舍结构使得畜禽暂时无法在户外运动，但应限期改进；
  b）圈养比放牧更有利于土地资源的持续利用。

【2019版标准条款】

4.5.5.3 应使所有畜禽在适当的季节能够到户外自由运动。
  特殊的畜禽舍结构使得畜禽暂时无法在户外运动时，应限期改进。

【条款解读】

2019版标准将2011版标准条款中"圈养比放牧更有利于土地资源的持续利用"删掉，要求所有畜禽应当在适当的季节可以到户外自由运动，不再允许有例外的情况。

【2011版标准条款】

8.6.3 可采用植物源制剂、微量元素和中兽医、针灸、顺势治疗等疗法医治畜禽疾病。

【2019版标准条款】

4.5.6.3 可采用植物源制剂、微量元素、微生物制剂和中兽医、针灸、顺势治疗等疗法防治畜禽疾病。

【条款解读】

2019版标准此条款中增加了"微生物制剂"，用于防治畜禽疾病。

【2011版标准条款】

8.8.5 如母畜在妊娠期的后三分之一时段内接受了禁用物质处理，其后代应经过相应的转换期。

【2019版标准条款】

4.5.8.5 如母畜在妊娠期的后1/3时段内接受了抗生素或化学合成的兽药（驱虫药除外）处理，其后代应经过相应的转换期。

【条款解读】

2019版标准修订将2011版标准中"禁用物质"修改为"抗生素或化学合成的兽药（驱虫药除外）"，表述更为准确，要求更加具体，不容易产生歧义。

【2011版标准条款】

8.10 有害生物防治

有害生物防治应按照优先次序采用以下方法：

a）预防措施；
b）机械、物理和生物控制方法；
c）可在畜禽饲养场所，以对畜禽安全的方式使用国家批准使用的杀鼠剂和表A.2中的物质。

【2019版标准条款】

4.5.10 有害生物防治

有害生物防治应按照优先次序采用以下方法：

a）预防措施；
b）机械、物理和生物控制方法；
c）可在畜禽饲养场所使用表A.2中的物质。

【条款解读】

2019版标准删除了2011版标准条款中"以对畜禽安全的方式使用国家批准使用的杀鼠剂"的内容，在有机畜禽养殖中，只允许使用表A.2中列出的物质进行有害生物的防治。

（五）水产养殖

【2011版标准条款】

9.4.2.1 有机水产投喂的饵料应是有机的、野生的或认证机构许可的。在有机的或野生的饵料数量或质量不能满足需求时，可投喂最多不超过总饵料量5%（以干物质计）的常规饵料。在出现不可预见的情况时，可在获得认证机构评估同意后在该年度投喂最多不超过20%（干物质计）的常规饵料。

【2019版标准条款】

4.6.5.1 投喂的饵料应是有机的或野生的。在有机的或野生的饵料数量或质量不能满足需求时，可投喂最多不超过总饵料量5%（以干物质计）的常规饵料。在出现不可预见的情况时，可在获得认证机构评估同意后在该年度投喂最多不超过20%（干物质计）的常规饵料。

【条款解读】

2019版标准中删除了"认证机构许可的"内容，从标准要求来看，并无实质性改变，只是文字表述上更加通顺，逻辑更加清晰。

【2011版标准条款】

9.4.3.5 在预防措施和天然药物治疗无效的情况下，可对水生生物使用常规渔药。在进行常规药物治疗时，应对患病生物采取隔离措施。

使用过常规药物的水生生物经过所使用药物的休药期的2倍时间后方能被继续作为有机水生生物销售。

【2019版标准条款】

4.6.6.5 在预防措施和天然药物治疗无效的情况下，可对水生生物使用常规渔药。水生生物在12个月内只可接受一个疗程常规渔药治疗。超过允许疗程的，应再经过规定的转换期。

使用过常规药物的水生生物经过所使用药物的休药期的2倍时间后方能被继续作为有机水生生物销售。

【条款解读】

2019版标准中增加了"水生生物在12个月内只可接受一个疗程常规渔药治疗。超过允许疗程的,应再经过规定的转换期"的规定,相比2011版标准更加严格。由于所有水生生物位于同一养殖水体,实际操作过程无法真正实现有效隔离,2019版标准删除了"在进行常规药物治疗时,应对患病生物采取隔离措施"的规定。同一养殖水体中一旦部分水生生物接受了常规渔药治疗,那么整个养殖水体的水生生物作为一个整体,均须满足本条款要求后方可作为有机水生生物销售。

(六) 蜜蜂养殖

2019版标准未对蜜蜂养殖部分内容进行实质性的修改,只是根据养蜂的流程对各子条款的顺序进行了调整。

(七) 包装、贮藏和运输

【2011版标准条款】

> 11.1.1 包装材料应符合国家卫生要求和相关规定;宜使用可重复利用、可回收和可生物降解的包装材料。

【2019版标准条款】

> 4.8.1.1 宜使用可重复、可回收和可生物降解的包装材料。

【条款解读】

此条款是针对初级农产品包装的要求,所以2019版标准删除了"包装材料应符合国家卫生要求和相关规定"的要求。

五、加 工

(一) 食品和饲料

【2011版标准条款】

> 4.2.1.2 当有机配料无法满足需求时,可使用非有机农业配料,但应不大于配料总量的5%。一旦有条件获得有机配料时,应立即用有机配料替换。

【2019版标准条款】

5.2.1.2　应使用有机配料。当有机配料无法满足需求时，可使用常规配料，其比例应不大于配料总量的5%，且应优先使用农业来源的。

【条款解读】

2019版标准中增加了"且应优先使用农业来源的"要求，相对于2011版标准，此要求更加严格，即在使用常规配料时，除了对使用比例有所要求之外，如果该配料有农业来源，则优先使用农业来源的配料，其次考虑使用非农业来源的配料。

【2011版标准条款】

4.2.1.3　同一种配料不应同时含有有机、常规或转换成分。

【2019版标准条款】

5.2.1.3　同一种配料不应同时含有有机和常规成分。

【条款解读】

根据现行的《有机产品认证实施规则》，转换期内生产的产品只能作为常规产品，不再有有机转换产品，因此，2019版标准此条款删除了"转换"两字。

【2011版标准条款】

无对应条款。

【2019版标准条款】

5.2.1.6　食品加工中使用的调味品、微生物制品及酶制剂和其他配料应分别满足E.4、E.5和E.6的要求（适用时）。

【条款解读】

此条款为新增条款，但就具体要求来看，与2011版标准相比并没有实质性的区别，只是为了体现标准的完整性，将有机加工中可能使用的调味品、微生物制品及酶制剂和其他配料的基本要求罗列在标准的附录中，2011版标准正文中关于矿物质（包括微量元素）、维生素、氨基酸具体使用条件的相关内容移入了附录E.6。

【2011版标准条款】

4.2.3.3 可使用下述物质作为加工过程需要使用的消毒剂：乙醇、次氯酸钙、次氯酸钠、二氧化氯和过氧化氢。消毒剂应经国家主管部门批准。不应使用有毒有害物质残留的消毒剂。

【2019版标准条款】

5.2.3.3 可使用蒸汽，必要时使用表E.3列出的清洁剂和消毒剂。

【条款解读】

2019版标准以附录的形式列出了有机加工中可以使用的清洁剂和消毒剂，扩充了可使用的消毒剂种类，明确了可使用的清洁剂种类以及各类消毒剂和清洁剂的使用条件，有机加工者与相关从业者应重点关注并了解。

【2011版标准条款】

4.2.4.2 所有用于包装的材料应是食品级包装材料，包装应简单、实用，避免过度包装，并应考虑包装材料的生物降解和回收利用。

【2019版标准条款】

5.2.4.2 食品原料及产品应使用食品级包装材料。
5.2.4.3 原料和产品的包装应符合GB 23350的要求，并应考虑包装材料的生物降解和回收利用。

【条款解读】

2019版标准将2011版标准4.2.4.2条款的内容拆分为两个条款，新的条款不但要求有机加工终产品的包装需要使用食品级包装材料，而且强调了有机加工食品原料的包装材料也必须为食品级，以避免因为原料包装不符合要求对原料本身造成污染，从而对有机终产品造成影响，有机加工者及相关从业人员应关注此变化。

此外，标准还要求原料和产品的包装要符合GB 23350《限制商品过度包装要求　食品和化妆品》的要求，由于GB 23350为国家强制标准，有机加工者必须遵照执行。

【2011版标准条款】

4.2.4.5　不应使用接触过禁用物质的包装袋或容器盛装有机产品。

【2019版标准条款】

5.2.4.6　不应使用接触过禁用物质的包装袋或容器盛装有机产品及其原料。

【条款解读】

2019版标准提出了有机产品加工原料与有机产品一样，均不应使用接触过禁用物质的包装袋或容器盛装，这里既包括加工有机食品的原料，也包括加工有机饲料产品的原料，以避免因为原料受到污染而使有机加工终产品受到污染，此环节往往容易被有机加工者忽略。

【2011版标准条款】

4.2.5.4　有机产品应单独存放。如果不得不与非有机产品共同存放，应在仓库内划出特定区域，并采取必要的措施确保有机产品不与其他产品混放。

【2019版标准条款】

5.2.5.4　有机产品及其包装材料、配料等应单独存放。若不得不与常规产品及其包装材料、配料等共同存放，应在仓库内划出特定区域，并采取必要的措施确保有机产品不与其他产品及其包装材料、配料等混放。

【条款解读】

2019版标准该条款要求有机产品要单独存放，若不得不与常规产品共同存放，应在仓库内划出特定区域，并采取必要的措施确保有机产品不与其他产品混放，而且将此要求延伸到了包装材料及加工配料部分，以避免有机产品包装材料及配料在存放的过程中受到污染，从而对有机加工的终产品造成污染。

六、标识和销售

2014年版《有机产品认证实施规则》修订时，规定转换期内生产的产品只能作为常规产品，不再有"有机转换产品"，因此，在2019版标准中的标识和销售部分删除了关于有机转换产品的条款。对于有机配料含量低于95%的产品，由于其本身不能认证为有机产品，2014年有机产品的国家标准以修改单的形式将关于该类产品如何进行标识的相关要求删除，本次修订一并修改了标准正文。其他条款没有实质性的修订，仅作了描述性的修改。

【2011版标准条款】

> **7.2** 标识为"有机"或"有机转换"的产品应该在获证产品或者产品的最小销售包装上加施中国有机产品认证标志或中国有机转换产品认证标志及其唯一编号、认证机构名称或者其标识。

【2019版标准条款】

> **6.3.2** 标识为"有机"的产品应在获证产品或者产品的最小销售包装上加施中国有机产品认证标志及其有机码（每枚有机产品认证标志的唯一编号）、认证机构名称或者其标识。

【条款解读】

2019版标准去除"中国有机转换产品认证标志"，将"唯一编号"修改为"有机码（每枚有机产品认证标志的唯一编号）"，文字表述上更为准确，同时与《有机产品认证实施规则》中相关内容的描述保持一致。

七、管理体系

本部分相较于2011版标准，绝大多数内容没有实质性的修订，仅作了描述性的修改。

【2011版标准条款】

> **4.4.2** 内部检查应由内部检查员来承担。

【2019版标准条款】

> **7.4.2** 内部检查应由内部检查员来承担，每年至少进行一次内部检查。

【条款解读】

2019版标准对内部检查的频次提出了具体要求，标准规定有机生产者、加工者、经营者的内部检查员应对照相应标准条款的要求，每年至少实施一次内部检查。

第三节 CNCA-N-009：2019《有机产品认证实施规则》修订内容解读

随着国内及国际有机产业的不断发展、市场对有机产品需求的不断增加以及认证机构和从业人员数量的不断增长，国内有机产业发展所面临的大环境不断变化，为进一步完善有机产品认证制度，规范有机产品认证活动，保证认证活动的一致性和有效性，国家认证认可监督管理委员会组织相关机构及专家对2014版《有机产品认证实施规则》（以下简称2014版实施规则）进行了修订，于2019年11月向社会发布了2019版《有机产品认证实施规则》（以下简称2019版实施规则），并于2020年1月1日起开始实施。

此次实施规则内容的修订主要体现在以下方面。

（1）纳入有机产品经营：为确保有机市场平稳有序运行，强化有机产品经营者的主体责任，2019版实施规则中增加了经营类别的认证，经营是指不改变产品包装的有机产品储存、运输和（或）贸易活动。如果有机产品经销商对产品包装进行了任何改变（如分装或更换产品标签等），则需要进行有机产品加工认证。规则中明确规定认证机构不得给获得有机产品经营认证证书的认证委托人发放有机码。

（2）强化风险评估与管控：2019版实施规则关于风险评估与管控的要求贯穿有机认证的全过程，要求认证机构实施风险分析，识别出影响有机完整性的风险点并在有机认证实施过程中采取有效措施，尽可能降低认证风险。

（3）兼顾规范性与可操作性：在规范认证活动的基础上，为了增强实施规则的可操作性，此次修订参考国际同行业主流认证制度的做法，进一步优化了多农户组织抽样、样品检测与环境监测的相关要求，调整了检查组专职人员配置的要求等。

（4）细化境外认证要求：为加强国际合作，促进有机产品国际贸易，考虑到境外认证的实际情况，2019版实施规则针对境外认证产地环境监测、样品检测、转换期等方面制订了专门的条款，既达到了规范认证活动的目的，又提高了可操作性。

（5）强化终端销售管控：为确保销售环节有机产品的完整性、真实性与可追溯性，有机产品实施规则建立了销售证与有机码制度，2019版实施规则进一步细化了销售证的相关规定，增加了有机码的相关要求。

（6）严格规范高风险产品认证：为了严格控制高风险产品的认证风险，规范其有机认证，2019版实施规则以附件的形式增加了有机枸杞认证的补充要求，以确保高风险产品的有机认证能够健康发展。

本节将针对此次修订中主要的变动条款进行解读。

一、目的和范围

【2014版实施规则条款】

> **1.1** 为规范有机产品认证活动，根据《中华人民共和国认证认可条例》和《有机产品认证管理办法》（国家质量监督检验检疫总局令第155号，下同）等有关规定制定本规则。

【2019版实施规则条款】

> **1.1** 为规范有机产品认证活动，根据《中华人民共和国认证认可条例》《认证机构管理办法》和《有机产品认证管理办法》等有关规定制定本规则。

【条款解读】

2019版实施规则增加了"《认证机构管理办法》"内容，由于《认证机构管理办法》与有机产品认证活动密切相关，因此，此次修订专门强调了此文件，并纳入了《认证机构管理办法》中对于有机产品认证活动的相关要求。

【2014版实施规则条款】

> **1.3** 在中华人民共和国境内从事有机产品认证以及有机产品生产、加工、进口和销售的活动，应当遵守本规则的规定。
>
> 对从与中国国家认证认可监督管理委员会（以下简称"国家认监委"）签

署了有机产品认证体系等效备忘录或协议的国家（或地区）进口有机产品进行的认证活动，应当遵守备忘录或协议的相关规定。

【2019版实施规则条款】

1.3 在中华人民共和国境内从事有机产品认证以及有机产品生产、加工和经营的活动，应遵守本规则的规定。

未与国家认证认可监督管理委员会（以下简称认监委）就有机产品认证体系等效性方面签署相关备忘录的国家（或地区）的进口有机产品认证，应遵守本规则要求；已与认监委签署相关备忘录的国家（或地区）的进口有机产品认证，应遵守备忘录的相关规定。

【条款解读】

因为2019版实施规则增加了有机产品经营认证，本条款将"进口和销售"改为"经营"，无实质性改变，修改后主要是为了与有机产品经营认证及有机产品经营认证证书相对应。

2019版实施规则增加了"未与国家认证认可监督管理委员会（以下简称认监委）就有机产品认证体系等效性方面签署相关备忘录的国家（或地区）的进口有机产品认证，应遵守本规则要求"的内容，强调了除与国家认监委签署相关备忘录的国家（或地区）外，其他国家（或地区）的产品如果作为有机产品在我国销售，其有机认证过程必须遵守2019版实施规则的规定。

二、认证机构要求

【2014版实施规则条款】

2.2 认证机构应在获得国家认监委批准后的12个月内，向国家认监委提交可证实其具备实施有机产品认证活动符合本规则和GB/T 27065《产品认证机构通用要求》能力的证明文件。认证机构在未提交相关能力证明文件前，每个批准认证范围颁发认证证书数量不得超过5张。

【2019版实施规则条款】

无对应条款。

【条款解读】

2019版实施规则将相应条款内容删除，并不意味着对该内容不做要求。目前的要求是认证机构在获得国家认监委批准之前，就必须要向国家认监委提交可证实其具备实施有机产品认证活动符合2019版实施规则和GB/T 27065《产品认证机构通用要求》能力的证明文件。

三、认证人员要求

【2014版实施规则条款】

> **3.3** 认证机构应对本机构的全体认证检查员的能力做出评价，以满足实施相应认证范围的有机产品认证活动的需要。

【2019版实施规则条款】

> **3.3** 认证机构应对本机构的各类认证人员的能力做出评价，以满足实施相应认证范围的有机产品认证活动的需要。

【条款解读】

2019版实施规则将2014版实施规中的"全体认证检查员"改为"各类认证人员"，体现了此次实施规则修订从严的原则，要求认证机构应对与有机认证活动相关的各类认证人员，包括认证规则和认证方案制订人员、认证申请评审人员、认证审核方案管理人员、认证审核人员、认证决定或复核人员、认证人员能力的评价人员等的能力进行持续评价与管理，以保证这些人员的能力能够满足有机产品认证活动的需要。

四、认证程序

【2014版实施规则条款】

> **5.1.8** 对获证组织正确使用中国有机产品认证标志、认证证书和认证机构标识（或名称）的要求。

【2019版实施规则条款】

5.1.8 对获证组织正确使用中国有机产品认证标志、有机码、认证证书、销售证和认证机构标识（或名称）的要求。

【条款解读】

2019版实施规则将本条款内容进行了整合，要求认证机构应通过网站等渠道向获证组织公开正确使用中国有机产品认证标志、有机码、认证证书、销售证和认证机构标识（或名称）的要求。

【2014版实施规则条款】

5.2.1 认证委托人及其相关方生产、加工的产品符合相关法律法规、质量安全卫生技术标准及规范的基本要求。

【2019版实施规则条款】

5.2.1 认证委托人及其相关方应取得相关法律法规规定的行政许可（适用时），其生产、加工或经营的产品应符合相关法律法规、标准及规范的要求，并应拥有产品的所有权。

【条款解读】

2019版实施规则增加了"认证委托人及其相关方应取得相关法律法规规定的行政许可（适用时）"以及认证委托人"应拥有产品的所有权"内容。条款要求认证委托人及其相关方应在取得其申请认证有机产品所属领域相关的行政许可（如生产许可证、动物防疫合格证、野生采集许可证、滩涂使用许可证等）后，方可申请有机认证。此外，认证委托人应对其申请认证的产品拥有完全的占有、使用、收益和处置权利，方可申请该产品的认证。

【2014版实施规则条款】

5.2.3 申请认证的产品应在国家认监委公布的《有机产品认证目录》内。

【2019版实施规则条款】

5.2.3 申请认证的产品应在认监委公布的《有机产品认证目录》内。枸杞产品还应符合附件6的要求。

【条款解读】

2019版《有机产品认证目录》增加了枸杞产品，鉴于枸杞产品在生产过程中风险高，2019版实施规则专门增加了关于枸杞产品生产、管理体系、现场检查、产量衡算、样品检测等方面的要求，有机枸杞生产者除了要遵守2019版实施规则正文的相关要求之外，还需符合附件6的相关要求。

【2014版实施规则条款】

无对应条款。

【2019版实施规则条款】

5.2.6 认证委托人未列入国家信用信息严重失信主体相关名录。

【条款解读】

此条款为新增内容。认证机构可登录国家企业信用信息公示系统网站www.gsxt.gov.cn及www.creditchina.gov.cn查询企业信用信息。

【2014版实施规则条款】

5.2.6 认证委托人应至少提交以下文件和资料：

（1）认证委托人的合法经营资质文件的复印件，包括营业执照副本、组织机构代码证、土地使用权证明及合同等。

（2）认证委托人及其有机生产、加工、经营的基本情况：

①认证委托人名称、地址、联系方式；当认证委托人不是直接从事有机产品生产、加工的农户或个体加工组织的，应当同时提交与直接从事有机产品的生产、加工者签订的书面合同的复印件及具体从事有机产品生产、加工者的名称、地址、联系方式。

②生产单元或加工场所概况。

③申请认证的产品名称、品种、生产规模（包括面积、产量、数量、加工量等）；同一生产单元内非申请认证产品和非有机方式生产的产品的基本信息。

④过去三年间的生产、加工历史情况说明材料，如植物生产的病虫草害防治、投入物使用及收获等农事活动描述；野生植物采集情况的描述；动物、水产养殖的饲养方法、疾病防治、投入物使用、动物运输和屠宰等情况的描述。

⑤申请和获得其他认证的情况。

（3）产地（基地）区域范围描述，包括地理位置、地块分布、缓冲带及产地周围邻近地块的使用情况；加工场所周边环境（包括水、气和有无面源污染）描述、厂区平面图、工艺流程图等。

（4）有机产品生产、加工规划，包括对生产、加工环境适宜性的评价，对生产方式、加工工艺和流程的说明及证明材料，农药、肥料、食品添加剂等投入物质的管理制度，以及质量保证、标识与追溯体系建立、有机生产加工风险控制措施等。

（5）本年度有机产品生产、加工计划，上一年度销售量、销售额和主要销售市场等。

（6）承诺守法诚信，接受认证机构、认证监管等行政执法部门的监督和检查，保证提供材料真实、执行有机产品标准、技术规范及销售证管理的声明。

（7）有机生产、加工的质量管理体系文件。

（8）有机转换计划（适用时）。

（9）其他相关材料。

【2019版实施规则条款】

5.2.7 认证委托人应至少提交以下文件和资料：

（1）认证委托人的合法经营资质文件的复印件。

（2）认证委托人及其有机生产、加工、经营的基本情况：

①认证委托人名称、地址、联系方式；不是直接从事有机产品生产、加工的认证委托人，应同时提交与直接从事有机产品的生产、加工者签订的书面合同的复印件及具体从事有机产品生产、加工者的名称、地址、联系方式。

②生产单元/加工/经营场所概况。

③申请认证的产品名称、品种、生产规模（包括面积、产量、数量、加工量

等）；同一生产单元内非申请认证产品和非有机方式生产的产品的基本信息。

④过去三年间的生产历史情况说明材料，如植物生产的病虫草害防治、投入品使用及收获等农事活动描述；野生采集情况的描述；畜禽养殖、水产养殖的饲养方法、疾病防治、投入品使用、动物运输和屠宰等情况的描述。

⑤申请和获得其他认证的情况。

（3）产地（基地）区域范围描述，包括地理位置坐标、地块分布、缓冲带及产地周围邻近地块的使用情况；加工场所周边环境描述、厂区平面图、工艺流程图等。

（4）管理手册和操作规程。

（5）本年度有机产品生产、加工、经营计划，上一年度有机产品销售量与销售额（适用时）等。

（6）承诺守法诚信，接受认证机构、认证监管等行政执法部门的监督和检查，保证提供材料真实、执行有机产品标准和有机产品认证实施规则相关要求的声明。

（7）有机转换计划（适用时）。

（8）其他。

【条款解读】

2019版实施规则在产地（基地）区域范围描述部分，于"地理位置"后面增加了"坐标"二字，主要是为了对产地（基地）区域进行精确定位，明确生产单元的范围，以避免实际生产中轮换基地所带来的认证风险。

2019版实施规则删除了关于有机产品生产、加工规划的内容，并不意味着2019版实施规则对该内容不做要求。由于以上要求在认证委托人提供的产地环境证明文件、生产加工操作规程、质量管理手册文件中均有涉及，为避免重复，特将此内容删除。

【2014版实施规则条款】

5.4.1 根据所申请产品对应的认证范围，认证机构应委派具有相应资质和能力的检查员组成检查组。每个检查组应至少有一名相应认证范围注册资质的专职检查员，并担任检查组组长。

第一章 新版标准及实施规则变化解读

【2019版实施规则条款】

> 5.4.1 根据所申请产品对应的认证范围,认证机构应委派具有相应资质和能力的检查员组成检查组。每个检查组应至少有一名认证范围注册资质的专职检查员。

【条款解读】

2019版实施规则删除了专职检查员必须担任检查组长的要求。即每个检查组应至少配备一名具备认证范围对应的注册资质的专职检查员,但其可以不担任检查组组长,检查组组长可以由兼职检查员担任。

【2014版实施规则条款】

> 5.4.3 认证机构在现场检查前可向检查组下达检查任务书,应包含以下内容:
> (1)检查依据,包括认证标准、认证实施规则和其他规范性文件。
> (2)检查范围,包括检查的产品种类、生产加工过程和生产加工基地等。
> (3)检查组组长和成员;计划实施检查的时间。
> (4)检查要点,包括管理体系、追踪体系、投入物的使用和包装标识等。
> (5)上年度认证机构提出的不符合项(适用时)。
> 认证机构可向认证委托人出具现场检查通知书,将检查内容告知认证委托人。

【2019版实施规则条款】

> 5.4.3 认证机构在现场检查前应向检查组下达检查任务书,应包含以下内容:
> (1)检查依据,包括认证标准、认证实施规则和其他规范性文件。
> (2)检查范围,包括检查的产品范围、场所范围和过程范围等。
> (3)检查组组长和成员,计划实施检查的时间。
> (4)检查要点,包括投入品的使用、产品包装标识、追溯体系、管理体系实施的有效性和上年度认证机构提出的不符合项(适用时)等。
> 5.4.4 认证机构可向认证委托人出具现场检查通知书,将检查内容告知认证委托人。

【条款解读】

2019版实施规则将2014版实施规则中"检查范围,包括检查的产品种类、生产加工过程和生产加工基地等"进行了修订，使检查范围更全面、更具体，同时也与2019版实施规则5.2.4条款中的"范围"概念相对应。其中，产品范围是指有机认证涉及的产品名称和数量；场所范围是指认证的所有生产场所、加工场所、经营场所（含办公场所、仓储场所），包括生产基地和加工场所名称、地址和面积（或养殖基地规模）；过程范围是指有机生产、收获、加工、运输、储藏等过程，实际检查过程中要检查有机生产、加工、经营所涉及的各个环节。

根据认证流程，将"认证机构可向认证委托人出具现场检查通知书，将检查内容告知认证委托人"作为单独条款，逻辑上更为清晰通顺。

【2014版实施规则条款】

5.4.4 检查组应制定书面的检查计划，经认证机构审定后交认证委托人并获得确认。

（1）检查计划应保证对生产单元的全部生产活动范围逐一进行现场检查。

对由多个农户、个体生产加工组织（如农业合作社，或"公司+农户"型组织）申请有机认证的，应检查全部农户和个体生产加工组织；对加工场所要逐一实施检查，需在非生产加工场所进行二次分装或分割的，应对二次分装或分割的场所进行现场检查，以保证认证产品生产、加工全过程的完整性。

（2）制定检查计划还应考虑以下因素：
①当地有机产品与非有机产品之间的价格差异。
②申请认证组织内的各农户间生产体系和种植、养殖品种的相似程度。
③往年检查中发现的不符合项。
④组织内部控制体系的有效性。
⑤再次加工、分装、分割对认证产品完整性的影响（适用时）。

【2019版实施规则条款】

5.4.5 检查组应制定书面的检查计划，经认证机构审定后交认证委托人并获得确认。为确保认证产品生产、加工、经营全过程的完整性，检查计划应：

（1）覆盖所有认证产品的全部生产、加工、经营活动。
（2）覆盖认证产品相关的所有加工场所和工艺类型。
（3）覆盖所有认证产品的二次分装或分割的场所（适用时）、进口产品的境内仓储、加施有机码等场所（适用时）。

（4）对由多个具备土地使用权的农户参与有机生产的组织（如农业合作社组织，或"公司+农户"型组织），应首先安排对组织内部管理体系进行评估，并根据组织的产品种类、生产模式、地理分布和生产季节等因素进行风险评估。根据风险评估结果确定对农户抽样检查的数量和样本，抽样数不应少于农户数量的平方根（如果有小数向上取整）且最少不小于10个；农户数量不超过10个时，应检查全部农户。若认证机构核定的人日数无法满足现场所抽样本的检查，检查组可在认证机构批准的基础上增加人日数。

（5）制定检查计划还应考虑以下因素：

①当地有机产品与非有机产品之间的价格差异。

②申请认证组织内的生产体系和种植、养殖品种、规模、生产模式的差异。

③以往检查中发现的不符合项（适用时）。

④组织内部管理体系的有效性。

⑤再次加工、分装、分割对认证产品完整性的影响（适用时）。

【条款解读】

2019版实施规则将检查计划涵盖的范围进行了梳理与细化，要求更加全面、具体、严格。对于境外认证，规则特别强调认证机构除了按照本规则的要求赴境外对认证委托人的生产、加工活动进行常规的检查外，还应对其境内的仓储场所及加施（印刷或加贴）有机码的场所实施检查，以确保有机产品进入市场前的所有环节均符合标准与本规则的要求。

对于多农户的组织模式，2019版实施规则不再要求检查全部农户，而是要求认证机构在风险评估的基础上确定对农户抽样检查的数量和样本，认证机构应按照本规则的要求，制订多农户组织模式评估抽样的工作指南或实施细则等文件，确保抽样与检查过程符合本规则要求，此外，检查组在进行实地检查时，也可根据实际检查的情况再次进行评估，必要时可以增加抽样的数量。

【2014版实施规则条款】

5.4.6 认证机构应当在现场检查前至少提前5日将认证委托人、检查通知及检查计划等基本信息登录到国家认监委网站"自愿性认证活动执法监管信息系统"。

> 地方认证监管部门对认证机构提交的检查方案和计划等基本信息有异议的应至少在现场检查前2日提出；认证机构应及时与该部门进行沟通，协调一致后方可实施现场检查。

【2019版实施规则条款】

> 5.4.7 认证机构应在现场检查前至少提前5日将认证委托人及生产单元、检查安排等基本信息报送到认监委网站"中国食品农产品认证信息系统"。
>
> 地方认证监管部门对认证机构提交的检查方案和计划等基本信息有异议的应至少在现场检查前2日提出；认证机构应及时与该部门进行沟通，协调一致后方可实施现场检查。

【条款解读】

2019版实施规则要求认证机构在现场检查前除了需要报送检查安排等信息外，考虑到部分认证委托人拥有多个生产单元，有的还涉及二次分割、分装等情况，因此要求同时报送生产单元信息，以对要检查的范围进行明确界定，便于跟踪检查。

【2014版实施规则条款】

> 5.5.1 检查过程至少应包括以下内容：
>
> （1）对生产、加工过程和场所的检查，如生产单元有非有机生产或加工时也应对其非有机部分进行检查。
>
> （2）对生产、加工管理人员、内部检查员、操作者进行访谈。
>
> （3）对GB/T 19630.4所规定的管理体系文件与记录进行审核。
>
> （4）对认证产品的产量与销售量进行汇总和核算。
>
> （5）对产品和认证标志追溯体系、包装标识情况进行评价和验证。
>
> （6）对内部检查和持续改进进行评估。
>
> （7）对产地和生产加工环境质量状况进行确认，评估对有机生产、加工的潜在污染风险。

（8）采集必要的样品。

（9）对上一年度提出的不符合项采取的纠正和纠正措施进行验证（适用时）。

检查组在结束检查前，应对检查情况进行总结，向受检查方和认证委托人确认检查发现的不符合项。

【2019版实施规则条款】

5.5.1　检查过程至少应包括以下内容：

（1）对生产、加工过程、产品和场所的检查，如生产单元有非有机生产、加工或经营时，也应关注其对有机生产、加工或经营的可能影响及控制措施。

（2）对生产、加工、经营管理人员、内部检查员、操作者进行访谈。

（3）对GB/T 19630所规定的管理体系文件与记录进行审核。

（4）对认证产品的产量与销售量进行衡算。

（5）对产品追溯体系、认证标识和销售证的使用管理进行验证。

（6）对内部检查和持续改进进行评估。

（7）对产地和生产加工环境质量状况进行确认，评估对有机生产、加工的潜在污染风险。

（8）采集必要的样品。

（9）对上一年度提出的不符合项采取的纠正和纠正措施进行验证（适用时）。检查组在结束检查前，应对检查情况进行总结，向受检查方和认证委托人确认检查发现的不符合项。

【条款解读】

考虑到认证委托人若存在平行生产或平行加工，其有可能会影响有机生产、加工或经营的完整性，最终对有机产品造成污染，因此，2019版实施规则强调检查组在对非有机生产单元进行现场检查时，应根据现场检查的情况，评估其可能会对有机生产、加工或经营造成的影响以及认证委托人所采取措施的有效性。

对产品标识与销售部分的检查，检查过程中增加了对"销售证的使用管理进行验证"的要求，检查员在现场检查时应关注有机生产、加工者销售证的开具及使用情况，验证其是否按实际销售的数量足量开具销售证，销售证的使用是否与购买方、销售批次及数量相对应。

【2014版实施规则条款】

> **5.5.2 对产品的样品检测**
> （1）认证机构应当对申请认证的所有产品安排样品检验检测，在风险评估基础上确定需检测的项目。
> 认证证书发放前无法采集样品并送检的，应在证书有效期内安排检验检测，并得到检验检测结果。
> （2）认证机构应委托具备法定资质的检验检测机构进行样品检测。
> （3）有机生产或加工中允许使用物质的残留量应符合相关法律法规或强制性标准的规定。有机生产和加工中禁止使用的物质不得检出。

【2019版实施规则条款】

> **5.5.2 样品检测**
> （1）认证机构应编制抽样检测的技术文件，对抽样检测的项目、频次、方法、过程等做出要求。
> （2）认证机构应对申请生产、加工认证的所有产品抽样检测，在风险评估基础上确定需检测的项目。对植物生产认证，必要时可对其生长期植物组织进行抽样检测。如果认证委托人生产的产品仅作为该委托人认证加工产品的唯一配料，且经认证机构风险评估后配料和终产品检测项目相同或相近时，则应至少对终产品进行抽样检测。
> 认证证书发放前无法采集样品并送检的，应在证书有效期内安排抽样检测并得到检测结果。
> （3）认证机构应委托具备法定资质的检验检测机构进行样品检测。
> （4）产品生产、加工场所在境外，产品因出入境检验检疫要求等原因无法委托境内检验检测机构进行检测，可委托境外第三方检验检测机构进行检测。该检验检测机构应符合ISO/IEC 17025《检测和校准实验室能力的通用要求》的要求。对于再认证产品，可在换发证书有效期内的产品入境后由认证机构抽样，委托境内检验检测机构进行检测，检测结果不符合认证要求的，应立即暂停或撤销证书。
> （5）有机生产或加工中允许使用物质的残留量应符合相关法律法规或强制性标准的规定。有机生产和加工中禁止使用的物质不得检出。

【条款解读】

2019版实施规则针对样品检测进行了大篇幅的修订，要求更加严格、具体，鉴于对样品检测的技术性要求较高，规则增加了"认证机构应编制抽样检测的技术文件，对抽样检测的项目、频次、方法、过程等做出要求"内容，以确保样品检测的科学性及检测结果的有效性。

2019版实施规则还针对几种特殊情况下的样品检测进行了明确规定，在植物生产认证中，若认证过程存在争议，认证机构可以对其生长期植物组织进行抽样检测，但要注意的是，对植物组织的抽样不能代替对终产品的抽样。对于认证委托人生产的产品仅作为该委托人认证加工产品的唯一配料的情况，如生产茶叶的企业，其生产的茶青为茶叶加工所使用的唯一配料，经认证机构风险评估后，可以只对终产品进行抽样检测。

针对境外认证，考虑到境外认证产品生产、加工场所在境外，以及出入境检验检疫要求、产品检测时效等特殊原因，2019版实施规则允许初次申请认证的境外产品在无法委托境内检验检测机构进行检测的情况下，可委托境外第三方检验检测机构进行检测，但检验检测机构必须具备相应的资质，符合ISO/IEC 17025《检测和校准实验室能力的通用要求》的要求。对于再认证的情况，一般境内已经有产品，所以要求在换发证书有效期内委托境内检验检测机构进行检测。修订之后，实施规则关于境外认证产品样品检测的要求可操作性更强。

【2014版实施规则条款】

5.5.3 对产地环境质量状况的检查

认证委托人应出具有资质的监测（检测）机构对产地环境质量进行的监测（检测）报告，或县级以上环境保护部门出具的证明性材料，以证明产地的环境质量状况符合GB/T 19630《有机产品》规定的要求。

【2019版实施规则条款】

5.5.3 对产地环境质量状况的检查

认证委托人或其生产、加工操作的分包方应出具有资质的监测（检测）机构对产地环境质量进行的监测（检测）报告。产地环境空气质量可采信县级以上（含县级）生态环境部门公布的当地环境空气质量信息或出具其他证明性材料，以证明产地的环境质量状况符合GB/T 19630规定的要求。

进口产品的产地环境检测委托人应为认证委托人或其生产、加工操作的分包方。检查员可结合现场检查实际情况评估是否接受认证委托人已有的土壤、灌溉水、畜禽饮用水、生产加工用水等有效的检测报告。如否，应按照GB/T 19630的要求进行检测，检测机构可以是符合ISO/IEC 17025《检测和校准实验室能力的通用要求》要求的境外检测机构。关于环境空气质量，认证机构应根据现场检查实际情况，结合当地官方网站、大气监控数据或报告等内容，确认是否符合GB/T 19630规定的要求。

【条款解读】

与2014版实施规则相比，2019版实施规则明确了针对产地环境空气质量可以直接采信县级以上（含县级）生态环境部门公布的当地环境空气质量信息或出具其他证明性材料。

考虑到境外认证的特殊情况，2019版实施规则中关于境外认证产地环境质量检测的要求更人性化，可操作性更强。规则中明确规定了如何确认境外认证产地土壤、水及空气是否符合GB/T 19630的要求。检查员可根据现场检查实际情况进行评估，决定是否接受已有的检测报告。如果需要重新进行检测，同对产品检验检测机构的要求相同，环境检测机构也必须具备相应的资质，符合ISO/IEC 17025《检测和校准实验室能力的通用要求》的要求。

【2014版实施规则条款】

5.5.4 对有机转换的检查

有机转换计划须事前获得认证机构认定。在开始实施转换计划后，每年须经认证机构派出的检查组核实、确认。未按转换计划完成转换并经现场检查确认的生产单元不能获得认证。未能保持有机认证的生产单元，须重新经过有机转换才能再次获得有机认证。

【2019版实施规则条款】

5.5.4 对有机转换的检查

（1）多年生作物存在平行生产时，认证委托人应制定有机转换计划，并事先获得认证机构确认。在开始实施转换计划后，每年须经认证机构派出的检查组核实、确认。未按转换计划完成转换并经现场检查确认的地块不能获得认证。

（2）未能保持有机认证的生产单元，需重新经过有机转换才能再次获得有机认证，且不应缩短转换期。

（3）有机产品认证转换期起始日期不应早于认证机构受理申请日期。

（4）对于获得国外有机产品认证连续4年以上（含4年）的进口有机产品的国外种植基地，且认证机构现场检查确认其符合GB/T 19630要求，可在风险评估的基础上免除转换期。

【条款解读】

2019版实施规则对于有机转换的检查要求更加细化，明确规定对于未能保持有机认证的生产单元，不但需要重新经过转换，而且在重新转换的过程中不能缩短转换期。对于有机产品认证转换期的开始时间也进行了明确规定，不得早于认证机构受理申请日期。

对于境外认证项目的种植基地，2019版实施规则也明确了免除转换期的条件，其必须获得国外有机产品认证连续4年以上（含4年），且经认证机构现场检查确认其符合GB/T 19630要求，认证机构可在风险评估的基础上免除其转换期。

认证机构应根据本条款的要求，制订免除转换期的实施细则。

【2014版实施规则条款】

5.6.3 认证委托人的生产加工活动存在以下情况之一，认证机构不应批准认证。

（1）提供虚假信息，不诚信的。

（2）未建立管理体系或建立的管理体系未有效实施的。

（3）生产加工过程使用了禁用物质或者受到禁用物质污染的。

（4）产品检测发现存在禁用物质的。

（5）申请认证的产品质量不符合国家相关法律法规和（或）技术标准强制要求的。

（6）存在认证现场检查场所外进行再次加工、分装、分割情况的。

（7）一年内出现重大产品质量安全问题，或因产品质量安全问题被撤销有机产品认证证书的。

（8）未在规定的期限完成不符合项纠正和纠正措施，或提交的纠正和纠正措施未满足认证要求的。

（9）经检测（监测）机构检测（监测）证明产地环境受到污染的。

（10）其他不符合本规则和（或）有机产品标准要求，且无法纠正的。

【2019版实施规则条款】

5.6.3 认证委托人的生产、加工或经营活动存在以下情况之一，认证机构不应批准认证。

（1）提供虚假信息，不诚信的。

（2）未建立管理体系或建立的管理体系未有效实施的。

（3）列入国家信用信息严重失信主体相关名录。

（4）生产、加工或经营过程使用了禁用物质或者受到禁用物质污染的。

（5）产品检测发现存在禁用物质的。

（6）申请认证的产品质量不符合国家相关法律法规和（或）技术标准强制要求的。

（7）存在认证现场检查场所外进行再次加工、分装、分割情况的。

（8）一年内出现重大产品质量安全问题，或因产品质量安全问题被撤销有机产品认证证书的。

（9）未在规定的期限完成不符合项纠正和（或）纠正措施，或提交的纠正和（或）纠正措施未满足认证要求的。

（10）经检测（监测）机构检测（监测）证明产地环境受到污染的。

（11）其他不符合本规则和（或）有机产品标准要求，且无法纠正的。

【条款解读】

2019版实施规则此条款中第三项内容为新增内容。与5.2.6条款相对应，认证机构不得受理列入国家信用信息严重失信主体相关名录的认证委托人的认证申请，同样，如果在认证实施过程中，认证委托人若因某种原因而被列入国家信用信息严重失信主体相关名录，也不能被批准认证，认证机构在实施有机认证的过程中，应持续关注相关查询网站发布的信息。

五、认证后管理

【2014版实施规则条款】

> 6.1 认证机构应当每年对获证组织至少安排一次现场检查。认证机构应根据申请认证产品种类和风险、生产企业管理体系的稳定性、当地质量安全诚信水平总体情况等,科学确定现场检查频次及项目。同一认证的品种在证书有效期内如有多个生产季的,则每个生产季均需进行现场检查。
>
> 认证机构还应在风险评估的基础上每年至少对5%的获证组织实施一次不通知的现场检查。

【2019版实施规则条款】

> 6.1 认证机构应每年对获证组织至少安排一次获证后的现场检查。认证机构应根据获证产品种类和风险、生产企业管理体系的有效性、当地质量安全诚信水平总体情况等,科学确定现场检查频次及项目。同一认证的品种在证书有效期内如有多个生产季的,则至少需要安排一次获证后的现场检查。
>
> 认证机构应在风险评估的基础上每年至少对5%的获证组织实施一次不通知检查,实施不通知检查时应在现场检查前48小时内通知获证组织。

【条款解读】

2019版实施规则对于"同一认证的品种在证书有效期内如有多个生产季的"情况,不再强制要求每个生产季进行现场检查,而是要求认证机构在风险评估的基础上,根据获证产品种类和风险、生产企业管理体系的有效性、当地质量安全诚信水平总体情况等,科学确定现场检查频次和检查项目,每个认证周期至少需要安排一次获证后的现场检查。这种情况在蔬菜种植项目中比较多见,同一品种一年可能会存在种植多茬的情况,根据新的要求,至少在生产季安排一次获证后的现场检查,认证机构也可以根据风险评估的情况,增加检查的频次。针对此条款,认证机构同样应制订相应的实施细则,确保有机认证实施过程符合2019版实施规则的要求。

对于不通知检查,2019版实施规则增加了"应在现场检查前48小时内通知获证组织"的规定。

【2014版实施规则条款】

6.4 销售证

6.4.1 认证机构应制定有机认证产品销售证的申请和办理程序，要求获证组织在销售认证产品前向认证机构申请销售证（基本格式见附件3）。

【2019版实施规则条款】

6.4 销售证和有机码

6.4.1 销售证是获证产品所有人提供给买方的交易证明。认证机构应制定销售证的申请和办理程序，在获证组织销售获证产品过程中（前）向认证机构申请销售证（基本格式见附件3），以保证有机产品销售过程数量可控、可追溯。对于使用了有机码的产品，认证机构可不颁发销售证。

【条款解读】

2019版实施规则在此条款中增加了有机码的相关要求，细化了销售证的相关规定。由于销售证的申请及使用可能会与销售过程同步，因此，2019版实施规则对销售证的申请时间进行了修订，获证组织可以在销售获证产品前或过程中向认证机构申请销售证。

销售证与有机码的作用都是保证有机产品销售过程数量可控、可追溯，因此，对于使用了有机码的产品，认证机构可不颁发销售证。

【2014版实施规则条款】

6.4.2 认证机构应对获证组织与销售商签订的供货协议的认证产品范围和数量进行审核。对符合要求的颁发有机产品销售证；对不符合要求的应当监督其整改，否则不能颁发销售证。

【2019版实施规则条款】

6.4.2 认证机构应对获证组织与购买方签订的供货协议的认证产品范围和数量、发票、发货凭证（适用时）等进行审核。对符合要求的颁发有机产品销售证；对不符合要求的应监督其整改，否则不能颁发销售证。

【条款解读】

2019版实施规则规定，认证机构审核销售证申请时，除审核双方供货协议中双方约定的将要交易的产品范围和数量外，还要对交易实际发生的最直接证据——发票进行审核，通过发票可以确认双方实际交易的产品种类和数量，以确保实际交易的产品种类和数量均未超过认证范围，从而保证有机产品销售过程数量可控、可追溯。

【2014版实施规则条款】

无对应条款。

【2019版实施规则条款】

6.4.4 认证机构可按照有机配料的可获得性，核定使用外购有机配料的加工认证证书有效期内的产量，但应按外购有机配料批次与实际加工的产品数量发放有机码或颁发销售证。

【条款解读】

此条款为2019版实施规则的新增条款，主要是针对外购有机配料进行有机加工的企业。通常情况下，加工企业会根据其加工能力及市场需求，与有机配料供应商签订外购原料的协议，协议中会约定双方交易的产品及数量，认证机构根据此协议，可以初步审核并确定认证周期内有机加工产品的认证范围。但是在发放有机码与销售证时，则需要根据外购有机原料实际交易发票、实际加工的数量等信息来核发，以确保有机加工企业生产的有机产品可控。

【2014版实施规则条款】

无对应条款。

【2019版实施规则条款】

6.4.5 认证机构应按照编号规则（见附件5），对有机码进行编号，并采取有效防伪、追溯技术，确保发放的每个有机码能够溯源到其对应的认证证书和获证产品及其生产、加工单位。

认证机构不得向仅获得有机产品经营认证的认证委托人发放有机码。

【条款解读】

此条款为2019版实施规则的新增条款，规定了有机码的编号规则，要求有机码必须可防伪、可追溯，从而确保发放的每个有机码能够溯源到其对应的认证证书和获证产品，以及其生产、加工单位。

为了防止有机码的重复使用，确保有机认证的有效性，2019版实施规则规定认证机构不得向仅获得有机产品经营认证的认证委托人发放有机码。

六、认证证书、认证标志的管理

【2014版实施规则条款】

> **8.1 认证证书基本格式**
>
> 有机产品认证证书有效期为1年。认证证书基本格式应符合本规则附件1、附件2的要求。
>
> 认证证书的编号应当从国家认监委网站"中国食品农产品认证信息系统"中获取。认证机构不得仅依据本机构编制的证书编号发放认证证书。

【2019版实施规则条款】

> **8.1 认证证书基本格式**
>
> 有机产品认证证书有效期最长为12个月。再认证有机产品认证证书有效期，不超过最近一次有效认证证书截止日期再加12个月。认证证书基本格式应符合本规则附件1、附件2的要求。经授权使用他人商标的获证组织，应在其有机认证证书中标明相应产品获许授权使用的商标信息。
>
> 认证证书的编号应从认监委网站"中国食品农产品认证信息系统"中获取，编号规则见附件4。认证机构不得仅依据本机构编制的证书编号发放认证证书。

【条款解读】

针对此条款，2019版实施规则增加了关于再认证证书的相关规定，强调再认证有机产品认证证书有效期不得超过最近一次有效认证证书截止日期再加12个月，目的是防止部分获证企业未能在证书到期之前完成再认证流程，因此不能及时取得再认证证书,待其完成再认证流程后,认证机构在重新制作发放新的认证证书时,直接将其认证证书有效期往后顺延12个月。根据2019版实施规则的规定,再认证证书有效期只能在最近一次有效认证证书截止日期的基础上顺延12个月。

为了避免不必要的纠纷,对于经过授权使用他人商标的获证组织,需要在其有机认证证书中标明相应产品获许授权使用的商标信息。

七、信息报告

【2014版实施规则条款】

> 9.2 认证机构应当在10日内将暂停、撤销认证证书相关组织的名单及暂停、撤销原因等,通过国家认监委网站"中国食品农产品认证信息系统"向国家认监委和该获证组织所在地认证监管部门报告,并向社会公布。

【2019版实施规则条款】

> 9.2 认证机构应在10日内将暂停、撤销认证证书相关组织的名单及暂停、撤销原因等,通过认监委网站"中国食品农产品认证信息系统"向认监委报告,并向社会公布。

【条款解读】

此条款删除了向"该获证组织所在地认证监管部门报告"的要求。认证机构将相关信息上报"中国食品农产品认证信息系统"后,各地认证监管部门均可在此系统中看到相关信息,因此不再做重复性要求。

第二章

主要发达国家与地区的有机认证体系

第一节 欧盟有机认证体系

一、欧洲有机农业概况

奥地利哲学家鲁道夫·斯特尔于1924年创立的生物动力农业是有机农业的开始，但有机农业在最近30多年的时间里才得以快速发展。20世纪80年代初，欧盟制定了农业生产性法案，对有机农业给予补助。1991年6月，欧盟的《关于有机农产品生产和标识的条例》实行后，启动了有机农业的发展。1992年的联合国环境与发展会议对生态农业和可持续农业的支持，更是引发了政府、生产者和消费者对有机农业和有机农产品的关注。2007年，欧盟对《关于有机农产品生产和标识的条例》进行修改和细化，颁布了有机法规（EC）834/2007及其实施细则，并在此后不断进行更新。

欧盟注重有机农业技术的研究，有机农产品市场的监管也在不断发展和完善，制度体系并没有一成不变，随着技术的发展，不断更新其有关法规的内容，以确保其有机农业的发展处于世界领先地位。

据瑞士有机农业研究所（FiBL）统计，2020年，欧洲有机耕地面积达到1 710万公顷（欧盟1 490万公顷）。法国以近250万公顷的有机耕地面积位居欧洲地区榜首，其次是西班牙（240万公顷），意大利（210万公顷）和德国（170万公顷）。奥地利有机耕地面积占农业用地总面积的26.5%，其次是爱沙尼亚和瑞典分别达到了22.3%和20.4%，但欧盟仍有许多成员国的有机耕地占比不足10%，要想实现欧盟委员会设定的到2030年达到25%有机耕地面积份额的目标，仍须进一步努力。

2020年，欧洲有机零售额为520亿欧元（欧盟为448亿欧元）。欧盟是仅次于美国的第二大有机产品单一市场。德国是欧洲最大、世界第二大有机产品市场，有机零售额达到了149.9亿欧元。2020年，欧洲和欧盟的有机市场创下了15%的创纪录增长率，这是过去10年里的最高水平。2020年，欧盟消费者在有机食品上的人均消费为63.3欧元（欧盟为101.8欧元），人均有机食品的消费在过去10年里翻了一番。

二、欧盟有机食品标准和法规

20世纪90年代，随着有机产品市场的兴起和国际贸易的增加，各国政府开始关注有机产品生产和销售的规范化和标准化。法国、西班牙、丹麦以及美国的一些州率先制定了有机法规。1991年欧盟制定了法规（EEC）2092/91《关于有机农产品生产和标识的条例》，并随后在1992发布了法规（EEC）2078/92。前者规定了有机产品生产和加工的要求，后者则更多着眼于促进环境保护和可持续性生产的方法。通过（EEC）2078/92，欧盟对有机农业进行财政支持。

2007年，欧盟对有机标准进行了修改，颁布了法规（EC）834/2007，同时废止了法规（EEC）2092/91，该法规为有机生产的各个环节建立了法律框架，进一步明确了有机生产的发展目标和总体原则。为了更好地落实和细化生产、标识、检查及进口等要求，欧盟理事会于2008年相继颁布了它的实施细则（EC）No.889/2008和（EC）No.1235/2008，从2009年1月1日正式实施。之后的几年欧盟又先后对实施细则进行了多次更新和补充，尤其是对有机酵母、有机水产品、有机葡萄酒、推迟使用非有机的家禽和蛋白质饲料等要求作了进一步明确的规定。

为了满足消费者的期望，防止欺诈，并使法规能更好地适应快速增长的市场，欧盟对有机农业法规进行了修订，最新的欧盟有机法规（EU）2018/848自2022年1月1日起生效。在现行制度下，欧盟以外国家（第三国）的认证机构在2024年12月31日前有个过渡期，在提交新的认可申请的基础上，将当前认可的"等效"体系转变为符合规定的体系。从2025年起，欧盟进口有机产品将只接受符合欧盟法规的证书。

按照新法规的要求，有机产品进口到欧盟地区将有两种模式。一是存在贸易协定的第三国：所有与欧盟签订协定，符合"等效认证"的第三国必须在新的法规标准下与欧盟重新协商签订协定。二是经获得认可的认证机构认证：对于无贸易协定的第三国，欧盟委员会将提供一个获认可的认证机构清单，这些机构将被授权在第三国基于（EU）2018/848的规定开展认证。在欧盟和欧盟之外的国家将执行相同的欧盟法规，对第三国传统使用的植保产品和肥料会给予一定程度的放宽。

新的欧盟有机农业法规在有机农产品进口、供应链风险控制、污染控制等环节都有了新的变化。与原欧盟有机农业法规（EC）834/2007相比，新有机农业法规（EU）2018/848的主要变化如表2-1所示。

表2-1 欧盟有机农业法规（EU）2018/848的主要变化

变化的内容	（EC）834/2007法规的规定	（EU）2018/848法规的规定
有机认证的农产品范围	可获得有机认证的农产品类别：活的和未加工的农产品（包括动物、植物和种子、蘑菇），加工食品，饲料	列出了原类别中没有明确涵盖但仍可认证的产品，包括特定的酵母、巴拉圭茶、藤本植物叶子、棕榈嫩芽、啤酒花、蚕茧、天然树胶和树脂、精油、软木塞、原棉、原毛、生皮、传统植物草药制剂，还包括海盐和其他用于食品和饲料加工的盐
有机互认：贸易协定等同	已经有13个国家与欧盟签订了标准互认协定，这些国家的有机农产品可以在符合一定贸易协定的条件下进入欧盟市场	已经签订的贸易协定会在未来5年内废除，因此这13个国家需要在未来5年内根据新的欧盟法规重新签订贸易协定
有机互认：标准的等同	未列入13个国家清单的其他第三国，其有机农产品必须由欧盟理事会实施细则（EC）1235/2008授权的认证机构通过等同于欧盟标准的认证标准认证，才可进入欧盟市场	现行的等同标准会在未来5年内废除，对于其他第三国的产品必须由欧盟理事会实施细则（EC）1235/2008授权的认证机构依据新的欧盟有机法规（EU）2018/848进行认证，才可进入欧盟市场
风险分析认证程序	所有的农场或设施每年至少进行1次检查；所有的操作者均需要进行认证	新规定不强制每年进行1次检查，对低风险的农场或者设施，以风险分析为基础将会每24个月进行1次检查；对于只销售预包装有机农产品的零售商不需要认证；欧盟成员国可以决定是否免除向最终消费者直接销售少量有机产品的农民认证

（续表）

变化的内容	（EC）834/2007法规的规定	（EU）2018/848法规的规定
污染控制	在有机农产品上检测到物质残留量超过限值，以及出现不允许物质残留时，各欧盟成员国均有不同的处理程序	所有有机产品供应链上的操作者，包括农户、加工者、贸易商等，均有责任采取措施避免污染。如果怀疑存在未经授权的农药或肥料，则最终产品在进一步调查之前不应加施有机标签；如果污染是故意的或者操作员未能采取预防措施，产品将被降级为常规产品
农户组织	农户组织的认证仅适用于发展中的第三国，如中国、南非等	允许世界任何地方存在农户组织认证，包括欧盟国家的小农户只要满足特定要求就可组成农户组织，整体获得认证，并通过这个组织销售自己的有机产品
种养结合的农场要求	牛、羊、马、鹿和兔子的饲料来自本农场或本地区的比例为60%；猪和家禽的饲料来自本农场或本地区的比例为20%	要求更高比例的饲料应该来自本农场或本地区。从2023年起，牛、羊、马、鹿和兔子饲料来自本农场或本地区的比例从现行的60%增加到70%，猪和家禽的饲料来自本农场或本地区的比例从20%增加到30%
加工配料和清洁消毒剂	凡是欧盟法规（EC）1334/2008中的"天然香料"都是被允许使用的；暂未有加工过程中允许使用的清洁消毒剂清单	详细规定获得有机香料的加工方式，增加加工过程中允许使用的清洁消毒剂清单
其他修订	对于水培生产未有详细规定；不能获得有机种子或有机种畜前可以使用非有机种子或种畜	有机农作物（除了自然生长在水中的农作物）应生长在土壤中，芽苗菜、观赏植物和幼苗除外；允许使用非有机种子或种畜的放宽政策有一定时效要求

目前，欧盟对欧盟内部的有机农产品管理主要从以下方面进行。

（1）所有有机种植、养殖、加工、经营者进行的有机生产和销售，如果要冠以"有机"（或类有机）字样，都必须经过认证机构的检查和认证。操作标准以欧盟标准为依据，但成员国的标准可以比欧盟标准更为严格。

（2）有机农产品的生产和认证强调过程控制，而对产地的生态环境以及产品质量的要求等同于对常规食品的要求，这是目前相当一部分人存在误解的地方。

过程控制还包括政府当局（一般是政府的农业部门）对生产者和认证机构的管理。

（3）对于从非欧盟国家进口有机农产品，从2013年开始，取消了进口许可证制度，由认证机构负责。分为两种情况：第一种情况是从第三国名单上的国家进口。其产品先要经该国认可的有机认证机构检查认证，然后，由认证机构向进口的每一批有机农产品颁发贸易证书。第二种情况是从第三国名单之外的国家（如中国）进口，其产品先要经欧盟认可的认证机构检查认证，然后，由认证机构向进口的每一批有机农产品颁发贸易证书。根据2020年1月13日修订的欧盟法规Article 13（2）/（EU）No.1235/2008关于COI签发的规定，在货物离开第三原产国之前必须签发COI证书，并于2020年2月3日开始实施。

三、欧盟有机食品认证体系

对有机农业进行有效监控可保障有机农产品的安全、质量和信誉，现行的欧盟有机标准对监控操作程序做了详尽的规定。

由欧盟成员国确定的"具体负责的政府机构"是有机农业认证认可的国家权力机关。它对私营的认证机构实施认可、监督和授权。成员国颁布细则，规范企业纳入有机生产经营的程序、遵守有机法规的措施、缴纳有机认证和监控产生的费用等。成员国尤其要采取切实有效的措施，加强有机农业动物养殖以及肉制品生产和流通的可追溯管理，在养殖、屠宰、加工、包装与加施标签、销售等环节中，实现有机农业产品的全程监控和食品产业链的有效管理，确保符合现行的欧盟有机法规。

欧盟成员国依据有机法规的要求批准多家官方的或私营的有机食品认证机构，对有机生产者、加工者或从第三国进口产品的经营者开展认证检查。欧盟成员国应制定必要的管理措施保证按照有机法规进行生产、加工和经营的申请者顺利接受检查。认证机构遵守最低检查要求和预防措施。欧盟成员国应指定一个专门机构负责私营认证机构的审批和监督。

（一）对认证机构的要求

（1）在满足（EC）882/2004第5条第2款的基础上，还需要满足以下条件：对认证机构执行的任务及执行的条件进行描述；认证机构执行本标准的程序，主要包括对认证程序的详细描述，以及确保操作者落实相关措施；发生不符合项后，认证机构能准确地描述采取的措施。

（2）认证机构可以提供以下证明：有完成任务所需的专家技术人员、仪器及基本办公设施；有足够的有资质及经验丰富的员工；在完成任务的过程中保持公正性，同时与相关方没有利益冲突。

（3）认证机构需要根据欧盟45011官方标准和ISO65导则（产品认证系统基本要求）的最新版本，得到权威机构的认可。认证机构定期或应权威机构的要求向权威机构汇报其开展的认证活动，如果在认证时发现不符合项或有可能导致发生不符合的问题，应立即向权威机构汇报。权威机构和认证机构之间应有很好的沟通。

（二）认证机构被批准后，监督管理机构应做到实时监管

（1）根据（EC）882/2004第5条第3款，必要时，权威机构应对认证机构进行审核和检查。如果审核未通过，权威机构可能会撤销对该机构的批准和认可，如果认证机构不能及时整改，主管部门应该立即撤销对该机构的批准和认可。

（2）除上述要求外，权威机构还应该：确保认证机构的认证活动保持公正和独立；评估认证机构认证的有效性；审查违规行为及采取的纠正措施。当认证机构发生某些不符合项的情形时，撤销对该机构的认可。

（3）主管部门和认证机构应该给执行本条款的权威机构提供全面了解其办公场所、设备的途径，同时还要提供相关必要的信息和协助。

（4）主管部门和认证机构应该确保操作者会采用相关预防及管理措施。

（5）主管部门和认证机最迟在每年的1月31日给权威机构一份其认证操作者名单，该名单包括截至上一年12月31日其认证项目的所有操作者。在每年的3月31日之前，应该给权威机构提交一份上年度认证活动的总结报告。

（三）认证机构、认证机构代码的相关规定

欧盟官方公布了获得认可的认证机构、各认证机构的代码，以及其在哪些国家能开展哪些产品类型的认证。欧盟对有机产品分为以下6个类型：A—种植产品，B—动物产品，C—水产品，D—加工食品，E—饲料，F—种子种苗。

（四）欧盟有机食品的标识

对所有组分都按照欧盟有机标准生产，并且经过认可的认证机构认证的鲜活农产品和未加工产品，操作者可以在其产品标签或广告上标识"有机"字样。

对于加工产品，其中农业来源的有机配料含量应不低于95%，才能使用"有机"术语。产品一旦使用了"有机"术语，操作者应在标签上清楚标识对该有机产品进行最后认证的认证机构代码。在欧盟市场上销售的有机产品，必须在标签上使用欧盟有机标志（图2-1）。

图2-1 欧盟有机标志

当使用了欧盟有机标志，应在可见的标识范围内说明产品来源。例如，"EU-Agriculture"表明农产品原料来自欧盟成员国；"NON-EU Agriculture"表明农产品原料来自非欧盟成员国；"EU/non-EU Agriculture"表明农产品原料部分来自欧盟国家，部分来自非欧盟成员国。

对于农产品原料来自欧盟成员国的情况，如果产品中所有的农产品原料来源于同一个国家，也可以用该国家的名字替换"欧盟"字样。

在非欧盟成员国内，欧盟有机标志的使用和原产地描述是自愿性的，但是一旦使用了欧盟有机标志，产地来源的表述必须体现在标签标识中。

（五）欧盟内自由运作

欧盟各成员国不能以生产方法、标识或产品展示方法为借口禁止或限制经其他成员国相应主管部门或认证机构认证的产品在本国销售。而且，不能在欧盟有机标准监控系统以外提出其他的监控或者财务要求。

成员国可在本国范围内实施更严格的种植和养殖标准，前提是这些法规与欧盟法律一致，且不禁止或限制其他成员国生产的符合欧盟有机标准要求的有机产品销售。

（六）认证的基本要求

1. 操作者对检查的安排和承诺

（1）如果是第一次执行检查安排，操作者应当起草并保持：①对认证单元、经营场所和生产活动的详细说明；②为保证符合有机生产规则，对认证单元、经营场所和生产活动拟采取的所有实际措施；③为减少被禁用物质污染的风险所采取的预防措施，以及针对仓储设施和整个生产过程的清洁措施。

如果适用，此描述和措施应该是操作者所建立的质量体系的一部分。

（2）上述提到的描述和措施应当包括在操作者负责人签署的声明中。此外，该声明中还应当包括操作者的如下承诺：①按照有机生产规则来实施操作；②一旦发生偏离或违规操作，接受根据有机生产规则采取的措施，并且承诺将以书面的形式通知该产品的经销商以确保涉及有机生产方式的信息已经从该产品中去除。

这份声明应该由认证机构或者主管部门进行审核，识别其潜在不足以及与有机生产规则不符合之处并签发报告。操作者应签署该报告，并采取必要的改进措施。

（3）操作者应当向权威机构通报以下信息：①操作者的姓名和地址；②经营场所的地址，如果适用，也应该提供操作者当前操作的地块信息（土地登记信息）；③操作的性质和产品；④操作者将按照欧盟标准和条例执行操作的承诺；⑤如果是农田，提供生产者最后一次使用禁用物质的日期；⑥操作者委托检查的认证机构名称，欧盟成员国已经认可该认证机构。

2. 信息沟通

已提交的文件如有改动，操作者负责人应及时通报给认证机构和主管机构。

3. 文档记录

为了方便操作者识别以及主管部门或认证机构确认，在每个单元或经营场所必须保存如下的库存和财务记录：①产品的供应商、销售商或出口商；②进入单元的有机产品、所有购买的原料及其使用（如果适用）、混合饲料的成分（如果适用）和数量，以及经营场所仓储设施所储存的有机产品数量；③所有离开单元或第一接货方经营场所/仓储设施的产品性质、数量，以及接货方和买方（如果和接货方不同，不是最终消费者）；④如果操作者不储藏或加工这些有机产品，所购买和销售的有机产品的性质和数量、供应商和卖方（如果和供应商不同）或者出口商和买方/接货方（如果和买方不同）。

这些文件应当包括接收检查有机产品的结果以及主管部门或认证机构全面控制所需的其他信息。账目中的数据应当有相应的证明文件，同时投入和产出应当平衡。

如果操作者在同一区域经营几个生产单元，非有机生产单元和投入品仓库也应当符合基本检查要求。

4. 包装与运输

（1）操作者必须保证运往其他单元的有机产品盛放在适当的包装、容器或运输工具中，这些包装、容器或运输工具必须是密封的，并且在不破坏封条的情况下无法替换里面的产品，同时，还必须带有标签，在不违背其他法律的前提下，标签应包含以下内容：①操作者的名称和地址，如果产品的所有者或销售者与操作者不同的话，也必须提供他们的名称和地址；②产品的名称或配合饲料的说明，必须提及有机生产方式；③操作者所属主管部门或认证机构的名称或代码；④相关时，标签上应包含根据批次号体系设计的批号，该批次号体系可以经国家、主管部门或认证机构认可，并且能够反映在相关的记录文件中。

（2）以下情况不需要使用密封的包装、容器或运输车辆：①在两个操作者之间直接运输，两个操作者同属于一个有机控制体系；②产品附带一个文件，文件包含（1）中所提及的信息；③供应和接收有机产品的操作者都必须保留运输记录以保证认证机构或主管部门够获得这些文件。

5. 产品储存

有机产品的储存区域应满足以下要求：产品的批号可以识别；能够避免有机产品被不符合有机产品标准的产品和物质混淆或污染；有机产品在任何时候都能够被清楚地识别。有机植物和动物生产单元不得存储标准禁止在生产单元内使用的物质；允许在仓库中储存对抗疗法药剂和抗生素类产品，前提是这些药品是兽医根据欧盟相关条例的规定使用的，药品储存在受控区域，并且记入养殖记录中。

如果操作者同时经营有机产品和非有机产品，并且有机产品的储存区域中同时储存了其他农产品或饲料：①有机产品应与其他农产品和饲料相隔离；②操作者应采取措施以辨别有机产品，并且避免其被非有机产品混合或替换；③在存放有机产品前应采取适当的清洁措施来清洗仓库，操作者应检查这些措施的有效性并对此类操作进行记录。

6. 现场检查的实施

主管部门或认证机构每年应对所有的操作者执行至少一次现场检查。为了检测是否含有有机生产未批准使用的物质，或审查不符合有机生产规则的生产技术，主管部门或认证机构可以进行取样分析。同样，为了分析未批准使用的物品可能带来的潜在污染，也可以取样进行检测。但是，这种分析应在怀疑使用了有机生产未批准的物质时进行。

此外，在对不符合有机生产风险综合评价的基础上，考虑上次检查的结果、相关产品数量以及产品交换的风险，主管部门或认证机构应当安排未通知的随机检查。

7. 设施的检查

为了进行检查，操作者应当：①允许主管部门或认证机构检查访问单元的所有部分和经营场所，包括账目和相关单据；②向主管部门或认证机构提供检查所必需的所有信息；③如果主管部门或认证机构要求，提供质量保证体系的运行效果。

除上述要求之外，进口商和第一接货方须向主管部门或认证机构通报将进口到成员国的每批货物的所有信息（包括有机证书、销售证书等）。

8. 检查报告

检查员每次检查后必须出具一份客观、公正、全面的检查报告，并由生产经营单位负责人或其代表签字确认。

9. 被怀疑不符合欧盟有机标准要求的产品

当操作者认为或怀疑其所生产、进口或从其他操作者那里接收的产品不符合有机生产规则，应启动相应的程序，撤销这些产品所提及的有机生产方式，或者隔离并识别这些产品。只有在怀疑解除后，才可以加工或包装这些产品或将其投放到市场，除非这些产品不作为有机产品销售。一旦发生怀疑，操作者应立即通知主管部门或认证机构。主管部门或认证机构可以要求投放到市场的产品不能标识为有机，直到从操作者提供的信息或其他来源的信息显示该怀疑已经被解除。

如果主管部门或认证机构有证据怀疑操作者计划将不符合有机生产规则的产品作为有机产品投放市场，该主管部门或认证机构可以要求该操作者在机构规定的一定时期内暂时停止将该产品投放市场。在正式的决定发布之前，主管部门或认证机构应允许操作者发表意见。如果主管部门或认证机构确认产品不符合有机生产要求，可以撤销该产品的有机标志。然而，如果怀疑在给定的时期内没有被证实，那么上述措施应在期满前撤销。操作者应当全面配合主管部门或认证机构直至解除怀疑。

成员国应采取必要的措施或制裁来防止欺诈性使用欧盟有机标志。

10. 认证决定

如果操作完全符合有机标准的要求，主管部门或认证机构将颁发欧盟有机证书，证书中将明确显示操作者及产品的相关信息（包括产品状态及证书有效期等），如存在轻微的不符合项，主管部门或认证机构将通过认证文件向客户指出，并指定整改措施完成的期限。

主管部门或认证机构将通知操作者导致认证失败的不符合项，并提出必要的整改措施。当操作者完成整改措施，即准予认证。操作者需要向主管部门或认证机构提交书面的整改措施和相关证明文件。如果认为必要，主管部门或认证机构可以执行附加检查来证实整改措施的实施情况。如果操作仍不符合有机标准，将否定认证。

第二节 美国有机认证体系

对于农产品质量安全问题，美国早在20世纪初期就已提出，在生产上先后提出了"自然农业""生物农业""有机农业""生态农业"等，在最终产品上陆续提出了"生态食品""健康食品""自然食品"等。1945年，美国罗代尔等一批有机农场的建立，标志着有机农业在美国进入推广时期，自此以后，农产品的质量安全便正式提上了议事日程，并形成了一套较为完整的政策与执行体系。

一、保证农产品质量安全的法律手段

维护公众的生命与健康，促进经济与社会的持续发展，是美国制定法律的出发点。农产品的质量与安全，显然是这一主题中最重要的内容之一，因此，美国与此有关的立法也是比较多的，本节选取最直接相关的几个方面进行介绍。

（一）农药生产和使用法规

美国对农药立法工作十分重视，旨在通过严格的法律来保障、规范农药的生产和使用，以此保护民众身体健康和生存环境，美国的农药立法分联邦政府和州政府两个层次，可以追溯到20世纪初期。1906年，美国国会通过第一部有关农药的法律，即《联邦食品、医药、化妆品法》，该法规定任何食品、医药、化妆品均不能含有农药。1910年和1938年，美国相继出台了《联邦杀虫剂法》及其补充法，其宗旨是防止卖假劣农药，保护农业生产。1947年，通过了《联邦杀虫剂、杀菌剂、杀鼠剂法》，首次提出农药要进行登记，规定了农药登记和标签的内容，这是一部非常有影响力的农药法规，1954年和1958年又相继通过3个补充规

定，对农药在农业初级产品中的允许残留量作了明确限制。1972年，通过了《联邦环境农药控制法》，该法第一次规定将农药分为两类，即通用类和限制类，并实施农药使用许可证制度；通用类农药毒性低，对人畜环境较安全，任何商店都可买卖，使用者不需办理使用许可证；限制类农药毒性比较强，使用不当会造成环境污染和人畜中毒，因而使用者必须办理农药使用许可证。随着食品安全越来越受到人们的关注，1996年，美国通过了《食品质量保护法》，对农药的使用进一步作了极其严格的规定，其中特别要求在儿童食品中不得含有任何化学农药残留。

（二）食品安全供应法规

20世纪90年代，美国提出了"从农场到餐桌"食品安全目标，要求全社会以实际行动重视食品安全，包括产品的生产、运输、加工、贮藏和零售等各个环节，为此，美国国会制定了一些新的法令以保证食品供应的安全性，还把一些已有的相关法令重新刊登在美国重要法律发布刊物《联邦注册》上，同时，要求政府通过颁布规章来实施法令。在食品安全供应方面，美国先后制定了诸多法令。《联邦肉类检验法令》要求所有家畜在屠宰前和屠宰后都要进行强制性检验，禁止在肉类加工过程中使用有害添加剂，严防在肉及肉产品包装上使用伪造或有错误导向的标签等；1906年，美国国会通过《食品与药品法》；1921年，美国国会通过《包装和牲畜市场法》，严格禁止任何牲畜市场所有者、营销商或代理商在家畜的接收、销售、购买、营销、饲养、饮水、移交、运输、称重和处理过程中有任何不安全行为；《家畜疾病防治法令》规定任何可能使家畜感染疾病的行为和不及时给家畜治疗疾病的行为都是违法行为，都要受到追究；1938年，《食品药品与化妆品法》应运而生。除上述法律外，还有《禽类产品检验法令》《蛋产品检验法令》《食品质量保障法令》和《公共健康事务法令》等。为了保证这些法令的实施，美国国会要求，在涉及食品供应的安全性上，管理机构必须严格遵守程序性法令，这些程序性法令包括《行政程序法令》《联邦咨询委员会法令和》《信息自由法令》。

二、美国有机食品发展现状

有机生产体系的目的，一是恢复和保持土地肥沃；二是禁止使用对人畜有害的持久残留类杀虫剂和化肥；三是建设生物多样化的农业。有机生产方式还起到保护水土资源的作用。有机农产品在生产过程中不得使用转基因物质、辐射物质、防腐剂和下水道淤泥。有机食品加工者和经营者都必须采用有机生产方式。

美国在20世纪40年代出现了"有机农业"的概念，但"有机"一词的确切含义直到1973年加利福尼亚认证有机种植者协会制定统一的生产标准时才被确定下来。在联邦有机法规制定前，美国已有28个州施行有机食品法规。其中，以俄勒冈州制定最早，在1974年即开始施行；加利福尼亚州在1979年制定有机食品法规，后来又在1982年和1990年两次修订。美国联邦在1990年制定《有机生产法》，而且根据该法要求于1991年设立了国家有机标准局，负责制定有机产品标准。但是，由于美国农业部和民间有机运动存在重大分歧，公众经过漫长的等待才在1997年12月16日见到了该标准的草案，并经过反复的讨论修改，终于在2000年12月21日在《联邦注册》（*Federal Register*）上发布了最终的NOP标准，该标准于2002年10月正式生效。2002年4月20日，美国农业部审核授权了第一批有机食品认证机构。

从20世纪90年代开始，有机农业的生产者、出口商和零售商一直在为满足消费者对有机农产品的需求而努力。据调查，90年代，美国已获有机认证的农业种植面积比80年代增长超过了两倍，根据美国农业部经济研究局的统计，1997年，美国有机农产品生产面积约有53万公顷，其中2/3用于种植农作物；爱达荷、加利福尼亚、北达科他、蒙大拿、明尼苏达、威斯康星、科罗拉多和艾奥瓦是美国最主要的有机农产品生产州；科罗拉多州和阿拉斯加州拥有的有机牧场面积最大；有近一半的州都有以有机生产方式饲养的家畜。美国有机食品和饮料的零售额1990年约为10亿美元，到2003年就快速增长至110亿美元，每年增长至少20%。2002年共有有机农场6 949个，有机土地95万公顷，占农业用地面积的0.23%。2020年美国已有超过2.7万家经过有机认证的农场和企业，有机农业用地面积为230万公顷。

三、美国有机食品认证制度

美国农业部市场服务司对国内外有机食品认证机构进行审查、评估和资格认可，并对审查合格获得认可的认证机构进行有机认证授权。授权认证的范围包括作物生产、畜牧生产、野生采集、加工和经营等。认证资格认可有效期自批准之日起为5年。在以下条件满足的前提下，美国农业部承认外国认证机构对有机产品生产或加工进行的认证：①应外国政府的要求，美国农业部认定的经外国政府认可的其本国符合NOP标准的认证机构；②经认可的认证机构所在国家政府与美国政府之间签订了有机认证对等互认协议。

（一）对认证机构的基本要求

1. 认证机构必须具备的条件

在NOP标准中，国有组织和私营企业均可成立认证机构，但必须具备以下条件。

（1）在有机产品生产、加工和经营领域内具有足够的专业能力，根据美国《有机生产法》和NOP标准建立了有机认证计划，并严格遵守和执行。

（2）有能力完全满足标准提出的认可要求。

（3）执行美国《有机生产法》和NOP标准的规定。

（4）具有足够数量的受过良好训练的人员，包括检查员和认证评审委员会。

（5）确保与检查、分析及认证决定有关的负责人员、雇员和签约人在有机生产或加工方面具有足够经验，有能力履行各自的职责。

（6）认证机构的申请评审人员、现场检查人员、认证材料评审人员、认证条件审核人员、认证建议人员、颁证人员每年均要进行年度业绩自我评审，并采取措施对认证活动中的缺陷进行改正。

（7）由有评审经验的认证机构职员、外部审核员或专家对认证活动进行年度外部审核，并采取措施改正在年度自我评审中发现的违规行为。

（8）向申请者提供足够的信息，以确保其符合《有机生产法》和NOP标准的要求。

（9）保留所有的记录，并在正常的工作时间内向美国农业部的部长代表或相关州有机体系管理官员提供相关记录以供检查需要。

（10）根据有机认证项目的要求，确保对客户信息保密，不向任何第三方透露与业务有关的信息。

（11）必须通过以下措施避免利益冲突：①申请者提交认证申请要求后的最初12个月内，不允许任何与该认证过程具有共同商业利益、与申请者有直系亲属关系，以及提供技术咨询服务的机构和人员参与认证过程与产品检测，认证过程包括认证方面的工作、讨论、决策等；②在申请人提交认证要求前的12个月内，拒绝参与认证过程且与申请者有利益冲突的合约人参加该申请者的认证活动；③不允许任何职员、检查员、合伙人或其他个人从任何被检查的单位接受报酬、礼物或任何形式的除规定费用以外的好处；④不允许为了解决取得认证遇到的困难，而对认证申请者和拟接受认证的申请者提供建议和咨询服务；⑤要求认证机构的合同评审人员、现场检查人员、认证材料评审人员、认证条件审核人员、认证决定人员、颁证人员或其他与认证机构相关的单位和个人提供年度利益冲突审核报告；⑥保证文件评审和现场检查的人员与做认证决定的人员不是同一人。

（12）利益冲突。①如果认证过程发生了利益冲突，认证机构应在申请认证的12个月内，重新对申请者进行认证，包括现场检查，所有有关费用包括现场检查费用应由认证机构承担；②认证机构涉及的人员与申请者有利益冲突，应将认证申请转给另外一个合法的认证机构进行再认证，并向申请者偿还费用。

（13）必须接受其他被美国农业部认可的认证机构的认证决定。

（14）应避免对认证机构的认证资格、美国农业部认证认可体系，以及有机生产或标识的产品性质和质量作出错误的说明或声明。

（15）向行政主管人员提供下列材料：①认证否决通知、不符合通知、纠正通知、暂停或撤销通知，以及暂停或撤回认证的决定；②每年2月提交上一年认证项目清单，包括项目名称、地址和电话号码。

（16）向申请者收取NOP标准中许可的认证费。

（17）向美国农业部市场服务司支付费用。

（18）在每次现场检查以前，向检查员提交前次现场检查的报告、认证决定以及对不符项的改正措施。

（19）在认证机构被认可的范围内接受所有生产和加工的认证申请，尽其所能对所有申请者进行认证。

（20）证明其在本州范围内，在符合有机相关法规的基础上有能力进行有机生产或经营的认证活动。

（21）遵守、贯彻并执行美国农业部行政主管人员在必要时所提出的其他条件和要求。

2. 其他要求

（1）经认可的官方或私人机构可设计徽章、标志或其他证明标记，供经其认证的生产和经营单位使用，以表明该单位与此认证机构之间的关系。但是，该认证机构不能把使用该证明标志作为认证的前提条件；不能把遵守除NOP标准以外的其他的生产和管理规定作为使用该证明标志的前提。经美国农业部部长批准在某州内有更严格的有机要求者例外。

（2）经认可的私人认证机构出现失误时，保证不会对政府造成损害；经认可的私人认证机构在被撤销资质后，应向美国农业部行政主管人员和相关州有机体系管理官员移交与认证活动有关的记录文件。

（3）所有私人或官方认证机构不能由于种族、肤色、国籍、性别、宗教、年龄、残疾、政治信仰、性倾向或婚姻家庭状况等原因而拒绝任何申请者享受NOP所规定的权益。

（二）申请认可

1. 认可程序

（1）任何私人或官方机构要获得认可，须向美国农业部市场服务司提交认可申请。

（2）收到申请文件后，美国农业部市场服务司行政主管人员将根据相关要求决定申请者是否能够被认可。

2. 须提交的申请材料

私人或官方机构要申请认可成为认证机构，须提交以下材料。

（1）申报机构名称、总部地址、通信地址、认证机构日常负责人、申请者联系方式（电话、传真和电子邮箱），私人认证机构还应申报纳税人的身份证号码。

（2）申报分会或分支机构办公室的名称、地址、通信地址、联系方式（电话、传真和电子邮箱）及联系人姓名。

（3）每项业务（作物、野生采集、畜禽或加工）的认证要求，并估算一年内的业务量，同时应附各项服务的收费明细。

（4）申请者机构类型包括官方机构（如官方农业部门），以及私人机构（如营利性企业或非营利性协会）。对于官方机构，应附一份该部门按NOP标准进行认证活动的政府职能报告；对于私人机构，应附一份说明此机构地位及宗旨的材料（如公司条款、章程或会员条款、成立日期等）。

（5）申请者最近开展认证或准备开展认证的州或国家名单。

3. 专长及能力证明

私人或官方机构要获得认可，应提交以下文件与资料来说明自己在有机生产及有机经营方面的专长，有能力遵循并执行已建立的有机认证计划，并有能力满足认可的要求。

（1）人员方面。①申请者关于培训、评估及监督其人员的政策以及措施；②认证业务中所涉及的所有人员的姓名及职责，包括管理人员、认证检查员、认证审核和评估委员会成员、签约人以及与认证机构有关的所有合作方；③人员资格描述文件，包括申请机构准备雇佣的所有检查员，以及申请者准备聘用对认证和申请进行审核、评估、评价的每个人，描述在农业、有机生产、有机加工等方面的经验、培训和教育程度；④申请机构准备为其人员提供或已提供的培训计划，以保证他们遵循并执行NOP标准。

（2）管理政策与措施方面。①评价认证申请者并作出认证结论、签发认证证书的程序；②已经认证的业务符合《有机生产法》和NOP标准审核报告，以及违反时如何向行政主管人员汇报的程序；③档案记录程序文件；④保密程序文件；⑤公众要求时可获得下列信息的程序以及所有费用：过去3年颁发的认证证书；过去3年已获认证的生产者或加工商的名单，包括公司名称、业务类型、产品、认证有效期；过去3年对农药及其他禁用物质残留的实验分析结果；生产者及加工商书面同意的其他企业信息；⑥取样及残留物分析的程序。

（3）利益冲突。①避免发生利益冲突的程序文件；②所有人员（包括申请评审人员、现场检查人员、认证材料评审人员、认证资格评价、认证建议人员、颁证人员及其他有关人员），应签订保密合同。

（4）当前的认证活动的情况。申请认证资格的机构须提交最近开展的认证项目的材料。①申请机构所有生产和加工认证业务的清单；②最少3份该申请机构在过去几年认证的生产或加工业务的检查报告及认证评价文件；③任何在过去几年由其他认可机构进行的对申请机构以认证活动评价为目的进行的认可活动结果。

（5）其他信息。申请机构认为可帮助行政主管人员评价其专长及能力的任何其他材料。

4. 签订合同

（1）私人或官方申请机构须在由行政主管人员准备的协议书上签字并寄回，以确保申请机构根据NOP标准获得认可，且成为认证机构后能够实施《有机生产法》和NOP标准的规定。这些规定包括：①接受其他与其等同的经美国农业部认可的认证机构所做出的认证决定；②避免对其认可状况、认可方案以及有机产品品质作出虚假的或引起误解的声明；③对所有人员，包括申请评审人员、现场检查人员、认证材料评审人员、认证条件审核人员、认证建议人员、颁证人员及其他有关人员逐一进行年度评价，并采取措施来纠正可能不遵循NOP标准法规的行为；④每年应由认证机构人员、外部审核员、专家进行内部审核，并采取措施纠正可能不遵循《有机生产法》及NOP标准的行为；⑤向美国农业部市场服务司支付和缴纳费用；⑥遵守、贯彻并执行美国农业部行政主管人员在必要时所提出的其他任何条件和要求。

（2）申请认证资格认可的私人机构还应该另外满足下列条件：①认证机构所有不能够履行《有机生产法》和NOP标准要求的行为，对行政主管人员不产生任何危害；②为了保障该认证机构认证的有机生产和经营过程严格遵守NOP标准，该认证机构应当合理接受行政管理人员提出的符合NOP标准的校正意见；③如果认证机构被解除或撤销认可时，在不涉及合并、销售和向其他认证机构转移所有权的前提下，应向美国农业部行政主管人员以及所有可能涉及的州的有机体系管理官员提供与其认证活动有关的记录。

5. 认可资格的审批

（1）在满足下列条件后可批准认可。①申请机构已提交所有资料；②申请机构已缴纳费用；③行政主管人员审阅了申请机构提交的材料，并在必要时进行实地评价。

（2）在作出认可批准时，行政主管人员将以书面形式通知以下内容。①认可的认证业务范围；②认可的有效期；③所有需要改正的不符合规定的条款和条件；④对于私人认证机构，必须建立安全机制以维护其认证权利。

6. 实地考察

（1）为检查认证机构的业务，评价其对《有机生产法》和NOP标准的遵守情况，应对经认可的认证机构进行实地考察，包括对认证机构的认证程序、认证决定、基本设施、行政及管理系统、经此认证机构认证的生产和加工业务进行实地检查。实地检查应由行政主管人员的代表（团）执行。

（2）对认证机构的初次实地考察应在给申请机构下达认可通知后合理的时间之内进行。实地考察应在重新申请资格认可之后、下达重新认可通知之前进行。在认可期限内，为确定认证机构是否满足认可要求，将进行一次或多次实地考察。行政主管人员应按照《联邦咨询委员会法案》建立评审小组。评审小组应至少包括3名评审人员，评审依据NOP标准F部分的规定、ISO/IEC 61指南、评审和认可认证机构的一般评价要求，以及NOP认可决定。

（3）评审包括认证程序、文件评阅以及实地考察报告的审阅。评审小组将以书面形式将评审报告提交给有机体系的项目主管人员。

（三）认证程序

1. 认证的一般要求

（1）遵守《有机生产法》和相关的有机生产和经营规定。

（2）建立、实施并每年修正有机生产或经营体系计划。

（3）允许认证机构对生产或经营过程进行全面的现场检查。

（4）有机生产、经营记录保留至少5年，允许美国农业部部长代表、州有机体系管理官员和认证机构在其正常的工作时间内检查和复印记录件，用以判定是否符合NOP标准。

（5）付给认证机构认证费用。

（6）出现以下情况立即通报有关认证机构：使用或喷洒禁用物质；生产经营发生变化并影响与NOP标准的符合性。

2. 认证的申请

申请材料必须包括以下内容。

（1）生产、经营计划。

（2）申请者的名称、地址和电话号码；合作申请时，还应当提供法人代表的姓名、地址和电话号码。

（3）前次认证的有机认证机构的名称、时间、认证结果。

（4）有助于决定是否符合有机生产计划以及NOP标准的其他必要信息。

3. 申请的评审

（1）认证机构必须遵守以下原则。①确保对申请进行完整的审查；②根据申请材料初步判断申请是否符合或可能符合NOP标准；③如果申请者以前向另外一个认证机构提出过申请，并接收到不符合的通知或不予认证的通知，则认证机构应确认申请者是否提交了对以前不符合措施进行纠正的记录；④申请材料表明生产或经营活动符合NOP标准，则可安排时间对现场进行检查，以确认申请者是否符合认证要求。

（2）认证机构应该在合适的时间内，对申请材料进行评审，并就所发现的问题与申请者进行交流，向申请者提供一份现场检查报告以及一份样品检验的结果。

（3）申请人可随时撤回申请。撤回申请的申请人需要根据撤回申请的时间支付相应的服务费。申请人如果在没有得到认证通知前自愿撤回申请，将不会得到认证否决的通知。

4. 现场检查

（1）现场检查的范围与频次。①现场检查范围包括生产单元、设备和场所；②至少每年进行一次现场认证检查，以判定是否达到或持续达到认证要求。

（2）非例行检查。①认证机构可以对申请人和已经获得认证的单位增加额外的现场检查，以确保生产遵循《有机生产法》和NOP标准；②美国农业部行政主管人员或州有机体系管理官员可以要求认证机构进行非例行检查，以确保生产遵循《有机生产法》和NOP标准；③非例行检查事先可以通知也可不通知。

（3）检查时间。①根据NOP标准的规定，初次现场检查必须安排在一个合理的时间内进行；②所有现场检查应保证有了解生产的申请人或其代表在场。

（4）对信息的确认。①确认生产、加工及经营符合或可能符合《有机生产法》和NOP标准的程度；②确认有机生产或经营系统计划与NOP标准的一致性，以及信息是否准确反映申请者或获证单位生产经营的实际情况；③确认没有使用过或没有正在使用禁用物质。

（5）会谈。在检查完成准备离开时，检查员必须和被检查机构的法人代表会面，以确保检查期间获得信息的准确性和完整性。检查员还应当说明所需要的其他信息。

（6）提供接受检查操作的文件。①现场检查时，检查员应向申请者的代表提交采样的记录；②认证机构应向申请者提交现场检查报告和检测记录。

5. 认证批准

（1）在现场检查完成后，认证机构必须对现场检查报告、分析结果以及申请者提供的和被要求提供的信息进行审核。如果认证机构认为申请人的有机生产计划以及所有的程序和活动符合NOP标准的要求，并且申请人能按照其有机生产计划和制定的规程生产经营，认证机构应批准认证。

（2）认证机构必须颁发有机证书并体现如下信息：①获证机构的名称和地址；②认证的有效期；③获证类别，包括作物、野生植物、家畜或加工产品；④认证机构的名称、地址和电话号码。

（3）获证后，有机认证在有效期内将持续有效，直到获证者放弃、停止认证，或被认证机构、州有机体系管理官员或美国农业部行政主管人员暂停或撤销认证。

6. 认证的否决

（1）在对申请者的信息进行审核的基础上，认证机构有理由认为申请者不能或不会遵守NOP标准，认证机构应向申请人提交一份书面通知说明其不符合标准。该书面通知和认证否决可以合并为一份通知。书面通知必须包括：①每个不符合项的详细说明；②不符合项的具体事实；③申请者反驳或改正不符合项的限定日期，并在限定日期内提交改正措施的书面支持材料。

（2）当收到不符合通知后，申请人可以按以下方式处理：①提出改正不符合项的措施,并向认证机构提交一份改正措施的报告;②提出改正不符合项的措施并向另一家认证机构递交一份新的申请,前提是申请者必须递交一份完整的申请,包括从第一家申请机构得到的认证否决通知,以及改正措施的书面支持材料;③提交一份书面材料反驳通知中有关不符合项的说明。

(3)在发出不符合通知后,认证机构必须按以下方式操作:①评价申请者采取的改正措施和提交的支持材料或反驳材料,如果有必要应进行现场检查;②当申请者的改正措施或反驳材料证明申请者符合认证的要求时,可给申请者颁发认证通过的证书;③当改正措施或反驳材料不足以使申请人得到认证时,发给申请人一份否决认证的书面通知;④当申请者未对不符合通知作出反应时,发给申请者一份否决认证的书面通知;⑤向美国农业部行政主管人员提供同意或否决认证的通知。

(4)否决通知必须说明否决的原因,并告知申请者有如下权利:①再次提出认证申请;②要求仲裁,或向州有机体系管理官员申诉。

(5)申请人收到不符合通知或否决认证的书面通知后,可以再次提出认证申请。当申请人向其他认证机构递交申请时,申请材料中必须包括此前的不符合标准或否决认证的书面通知,并附通知中提出的不符合项的材料。

(6)认证机构收到新的申请,且申请中包括不符合标准或否决认证的书面通知时,认证机构应按照新项目申请的要求进行处理。

(7)根据NOP标准的要求,如果认证机构有理由相信申请者做虚假说明、有意歪曲事实或故意不遵守NOP标准,认证机构可直接否决认证而无须事先发送不符合标准的通知。

7. 保持认证

(1)已经取得认证的单位要继续保持认证必须每年向认证机构缴纳费用,并提交以下信息:①最新的有机生产或有机经营系统计划;②对认证机构确定的不符合项的改正措施;③认证机构要求的用以判断是否符合《有机生产法》和NOP标准的其他必要信息。

(2)认证机构将在合理的时间内安排和实施现场检查。认证机构如果不能进行现场检查,可以根据过去12个月内收到的信息以及检查报告,允许继续颁发证书。

(3)依据现场检查和对信息的审查,如果认证机构认为已经获证的生产经营者不符合NOP标准的规定,认证机构应给出不符合标准的书面通知。

（4）如果认证机构判定已经认证的生产经营者符合《有机生产法》和NOP标准，并且其证书中内容已经发生了变化，认证机构必须向该有机生产经营者颁发新的有机证书。

（四）标　识

1. 美国有机食品标签

美国NOP标准将有机食品的标签划分为以下4类。

（1）标有"100%有机"标签的产品全部成分为有机。

（2）标有"有机"标签的产品必须含有至少95%（质量）的有机成分。

（3）标有"有机配料制造"标签的产品必须含有至少70%（质量）的有机成分。

（4）有机成分不到70%（质量）的产品可以列出各类成分，但是不可在包装袋上贴有"有机"字样的标签。

2. 美国农业部有机食品标志及认证机构标识的使用

（1）标有"100%有机"或"有机"的包装产品：可以加施美国农业部有机食品标志（图2-2），以及认证机构的印章、商标或其他认证标识。但这些标识不能比美国农业部有机食品标志更为明显。在产品生产者和经销者的信息下面，应加上"由……认证为有机"或类似的字样，以确认认证机构的名称。除此之外，还可加上认证机构的地址、网址和电话号码。

图2-2　美国农业部有机食品标志

（2）标为"有机配料制造"的包装产品，不能加贴美国农业部有机食品标志，可以使用对有机配料进行认证的认证机构的印章、商标或其他认证标识。在产品生产者和经销者的信息下面，应加上"由……认证为有机"或类似的字样，以确认认证机构的名称。除此之外，还可加上认证机构的地址、网址和电话号码。

（3）有机成分少于70%的多配料包装产品，不能使用美国农业部有机标志，不能使用任何认证机构的印章、商标或其他认证标识。

第三节 日本有机认证体系

一、日本有机农业

与欧美等国家与地区不同的是，日本有机农业政策是建立在国土狭小、农产品自给率低的基础上，侧重于农业的保全国土功能，主张有效地发挥农业所具有的物质循环功能，使有机农业与生产效率相协调，通过土壤改良、减轻农药与化肥等造成的环境负荷，兼顾"食"与"绿"，采取提高农产品自给率与环境保护并举的方针。

二、日本有机农业的政策制度与发展现状

日本发展有机农业的基本思想很早就已确立，但真正兴起则是在20世纪六七十年代。第二次世界大战后，为增加粮食等农产品的产量，日本政府曾鼓励农民大量施用农药与化肥，这对促进农产品增产，加快农村城市化发展发挥了积极的作用。但伴随而来的是农村环境日益遭受污染，农产品残留物质严重超标，市民食物中毒事件时有发生。因此，从70年代起，日本政府相继出台了《农药取缔法》《土壤污染防止法》等，各大城市、农村相继以一般民众活动的形式开始了有机农业运动。1971年日本成立了全国有机农业研究会，提出了"防止环境遭受破坏，维持培育土壤地力"的口号，广泛发动农民生产更多健康美味的农产品。

按照日本有机农业研究会制定的产销合作原则，有机农产品的生产者与消费者之间形成"面对面相互信赖关系"。由于有机农业研究会的宗旨十分明确，这一运动得到了一部分城市居民的拥护，因此，蔬菜等有机农产品都采取"产销合作"的形式进行销售。1971—1985年是日本有机农业发展的起步阶段。

1986—1995年的十年间，日本的有机农业进入了迅猛发展阶段。由于有机农产品安全、卫生、优质，且流通方式上采取了"产销合作"的方式，有机农业与

有机食品越来越受关注。由于市场需求量增加，日本的有机农业生产面积逐年扩大。以冈山县为例，1988年实行有机农业栽培的农户数为265户，1995年增加到1 380户，增加5.2倍；栽培面积由24公顷增加到226公顷，增加9.4倍；产量由310吨增加到2 262吨，增加6.3倍；上市量由217吨增加到2 016吨，增加8.3倍。由于有机农产品生产数量的增加，有机农产品流通渠道发生了显著变化，由最早的以"产销合作"方式为特征的小规模直销，向大规模的专业机构配送或农业协同组合（生活协同组合）配送方向发展，一批连锁的有机农产品专卖店也应运而生。这一阶段日本政府开始对有机农产品实行监管。为推进有机农业的发展，日本政府允许道府县自行规划、管理有机农业的生产和销售，并可批准设立相关的有机农产品认证机构，实行有机认证制度。在1994年的"新政策"中，把有机农业作为环保型农业的一种形式，赋予其农业行政支柱地位，颁布《推进环保型农业的基本见解》。日本农林水产省对有机农业实行的主要政策有：①按照《有机农产品及特别栽培农产品标志标准》及《有机农产品生产管理要领》的要求，对从事有机农业的农民进行必要的指导；②对从事有机农业提供必要的农业专用资金无息贷款（7年内偿还）；③对建设健全堆肥供给设施、有机农产品装运设施等进行补贴；④提供各类有机农业在土壤改良、病虫害防治等方面的实用技术等。

与此同时，这一阶段，从国外输入日本的有机农产品也不断增加。由于国外有机农产品价格低廉，给日本国内有机生产者造成了一定的负面影响。

1996—2000年，日本有机农业发展一直处于无序徘徊阶段。随着人们生活水平的不断提高，对有机农产品需求量越来越大，不少商社、商贩和食品加工企业觉得有利可图，纷纷加入这一行列。有机农产品流通销售渠道也实现了多元化格局，大型批发市场、大卖场、食品加工企业等都在经营销售有机农产品，从由生产者决定价格转变为由经营者决定价格，有机农产品市场竞争日趋激烈。另外，由于日本市场上既有完全不使用农药与化肥的有机栽培农产品，又有各类特别栽培农产品，一些地方还出现了仿冒、假冒有机农产品，加上不少私人认证机构执行多样化认证标准，因而一段时期内有机农产品在消费者中的信誉不断下降，高层次的产品消费呈现出无序与徘徊的状态，对生产者与消费者都造成了负面影响。为了解决这些突出问题，进一步规范有机农产品市场，日本政府在加强市场调研的基础上，加大了对有机农产品的监管力度。

2000年，日本制定了《农林物资规格化和质量表示标准法规》（简称JAS法），2001年4月1日正式实施。JAS法对农场、加工厂、分装者及进口商都提出了具体标准和要求，只有符合JAS法的产品才允许使用JAS标志，否则将处以高额罚款，严重者还会判刑。同时，JAS法明确规定，未经有机认证，不允许在产品包装物上标识"有机××""有机栽培××""××有机""××有机栽培"等字样。2005年12月，日本政府又对JAS法进行了修订，所有认证机构（包括国内外的认证机构）都要经日本农林水产省重新审核、认可、登记后，才能开展认证工作，颁发JAS证书。

三、认证制度

（一）对认证机构的基本要求

1. 管理体系要求

认证机构应建立完善合理的质量管理体系，该体系应满足ISO 65的要求，同时，应制定开展认证业务的章程，该章程包括开展认证业务所遵循的方针、程序及管理办法，应是非歧视性的，并以非歧视性的方式实施；评价产品所依据的标准是JAS法及相关的法律法规；认证机构应将有关认证的要求、评价和决定限定在与认证范围明确相关的事宜上；检查方法应依据日本农林水产省所颁布的相关法令、规定执行；认证的受理、检查和颁证决定部门（人员）应相互独立，并明确各自的权力和责任；为了保证业务的顺利开展和保持公正性，应建立内部监督机制。

2. 人员资格的要求

对于认证机构从事检查和认证决定的人员，应具有相应领域的专业资格。

3. 人员检查的要求

对生产、加工、分装企业进行检查时，由认证机构委派相应检查员进行。如发生同一检查员连续3年检查同一认证申请者的情况，翌年须选派其他检查员检查该申请者。

（二）认证机构的登记和监督

JAS法实际上是日本有机农产品的生产标准化和品质要求，是为了促进有机农产品品质改善、生产合理化、交易公平公正、使用或消费更安心而制订的标准。

日本国内任何机构只要符合日本政府制定并颁布的法令法规要求，均可向日本农林水产省申请成立有机产品认证机构；经日本农林水产省审查合格、认可、审批、登记的认证机构可以在国内外开展有机产品的认证工作。

国外认证机构欲获得符合JAS法要求的有机产品认证资格，首先应在日本国内成立独（合）资的认证机构，并由该机构向日本农林水产省提出申请，经日本农林水产省审查合格、认可、审批、登记后，可以在日本国内外开展有机产品的认证工作。

只有日本农林水产省认可的有机产品认证机构，才有资格开展JAS标准的有机农业认证业务，农林水产省不定期派员对认证机构执行有机JAS标准的情况进行检查，对执行不力的认证机构将责令其停止认证业务，限期进行整顿，并重新申请登记认证资格等，同时，建立了民众举报制度（图2-3）。

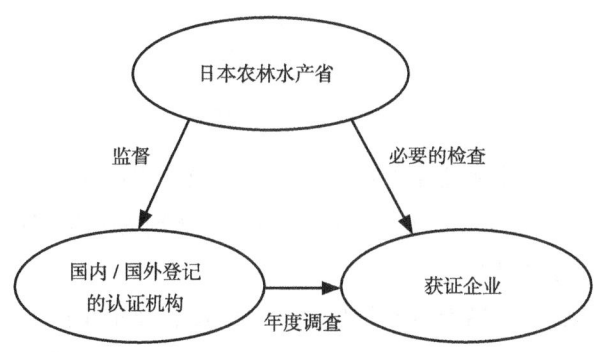

图2-3 日本有机认证的监督机制示意

（三）认证和检查

认证机构负责对生产者、加工者、分装者和进口商等的申请进行审核、现场检查、核实以及对照标准进行符合性判定，并决定是否颁发证书。有机生产期间申请者应依据JAS法的要求，由指定的达规判定人员负责对所生产或制造的农产品或加工品依据JAS标准进行检查，并作出生产过程是否符合JAS标准的判定；获得认证后，达规判定人员可以在其认为生产过程符合JAS标准的产品上加施JAS标志，未经过达规判定的产品不能加施JAS标志，但生产者仍要每年定期接受认证机构的监督检查，对于生产过程或达规判定过程不符合JAS标准者，认证机构报告日本农林水产省取消其有机农产品生产资格（图2-4）。

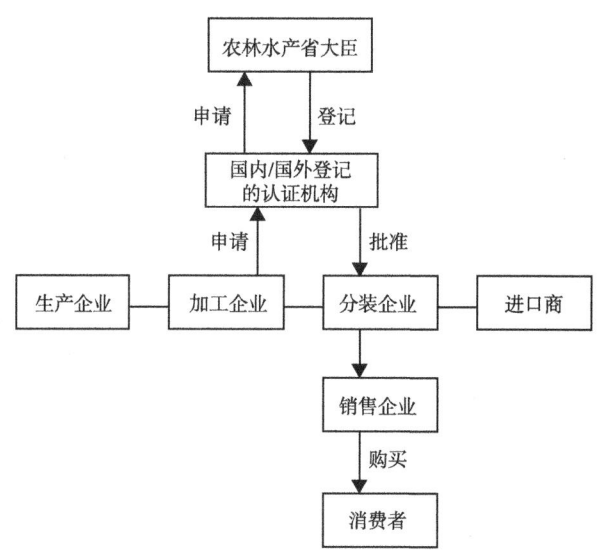

图2-4 日本有机认证体系示意

JAS法要求生产者必须指定生产过程管理人员(农产品生产)、品质管理人员(食品加工)和分装人员(更换包装),超过1人时必须指定1人作为经理负责有机生产的实施(表2-2)。

达规判定是JAS法所特有的有机生产管理制度,要求生产者依据规定设置达规判定人员岗位,超过1人时必须指定1人为经理,对生产过程与JAS标准的符合性进行判定,并给合格产品加施JAS标志,此外,还要配合认证机构的检查。达规判定人员的工作应得到最高管理层的支持,保证不会受到干涉,相对独立于生产和销售部门。

表2-2 JAS法对企业人员的要求

行业	人员	要求
有机农产品及有机饲料(限于只经过预处理或分选工序的产品)	生产过程管理执行者	应配备1名及以上符合以下任何一项要求的人(如果生产过程管理执行者管理或掌握着较多的生产及保管设施,应根据设施数量、分散状况等安排合理数量的人员)。 (1)根据《学校教育法》[昭和二十二年(1947年)法律第26号]在大学内取得了关于农业生产课程的学分并毕业的,或拥有同等及以上资格,有1年以上农业生产或相关指导、调查、试验研究经验; (2)根据《学校教育法》在高等学校或中等教育学校毕业,或拥有同等及以上资格的,有2年以上农业生产或相关指导、调查或试验研究经验; (3)有3年以上农业生产或相关指导、调查或试验研究经验

（续表）

行业	人员	要求
有机农产品及有机饲料（限于只经过预处理或分选工序的产品）	生产过程管理责任者	（1）如果只有一名生产过程管理执行者，那么这个人可同时作为生产过程管理责任者，应在认证机构指定的讲习会（以下简称讲习会）上，学完并掌握有机农产品或有机饲料生产过程的相关课程； （2）如果有数名生产过程管理执行者，应从中选任1名在讲习会上学完并掌握有机农产品或有机饲料生产过程相关课程的人作为生产过程管理责任者
	达规判定者	达规判定执行者须学完讲习会中有机农产品或有机饲料达规判定的相关课程。配备1名及以上的达规判定执行者（如果此达规判定者管理或掌握着较多生产及保管设施，应根据设施的数量、分散状况等配置合理数量的人员）
	达规判定责任者	如果有多位达规判定执行者，应从达规判定执行者中挑选出一人作为达规判定责任者
有机加工食品及有机饲料（限于只经过预处理或分选以外工序的产品）	品质管理执行者	应配备1名及以上符合以下任何一项要求的人（如果此品质管理者管理或掌握着较多的生产及保管设施，应根据设施数量、分散状况等安排合理数量的人员）。 （1）根据《学校教育法》（昭和二十二年法律第26号）在大学内取得关于食品或饲料加工课程学分并毕业的，或是拥有同等及以上资格，有1年以上食品或饲料加工以及相关指导、调查或试验研究经验； （2）根据《学校教育法》在高等学校或在中等教育学校毕业，或拥有同等及以上资格，有2年以上食品或饲料加工相关指导、调查或试验研究经验； （3）有3年以上食品或饲料加工以及相关指导、调查或试验研究经验
	品质管理责任者	（1）如果只有一名品质管理执行者，那么这个人可同时作为品质管理责任者，应在讲习会学完并掌握有关有机加工食品或有机饲料的课程； （2）如果有数名品质管理执行者，应从中选任1名在讲习会上学完有关有机加工食品或有机饲料生产相关课程的人员作为品质管理责任者
	达规判定者	达规判定执行者须学完讲习会中关于有机加工食品和有机饲料达规判定的相关课程。配备1名及以上的达规判定执行者（如果此达规判定者管理或掌握着较多的生产及保管的设施，应根据设施的数量、分散状况等配置合理数量的人员）
	达规判定责任者	如果有多位达规判定执行者，应从达规判定执行者中挑选1人作为达规判定责任者

（续表）

行业	人员	要求
分装业及外国分装业	分装执行者	应配备1名以上符合以下任何一项要求的人。 （1）根据《学校教育法》（昭和二十二年法律第26号）在高等学校或中等教育学校，或者根据《中等学校令》[明治十八年（1886年）敕令第36号]在中等学校毕业，或是拥有同等及以上资格，在食品流通行业有2年以上实际经验的人； （2）对食品流通有3年以上实际经验的人
	分装责任者	（1）如果只有1名分装执行者，那么这个人同时作为分装责任者，应在讲习会上学完有关分装的课程； （2）如果有数名分装执行者，应从这数名中选任1名在讲习会中学完有关分装课程的人为分装责任者
	达规判定者	达规判定者至少1人，且参加过关于达规判定的讲习会

注：以上人员在上岗前必须参加认证机构关于JAS法的讲习会培训并取得培训合格证书。

（四）认证的程序

日本JAS法分为法规、标准、认证检查方法和企业操作指南等部分。认证的程序如下。①申请者向认证机构提交申请书及相关管理文件；②认证机构对申请文件进行审核，要求申请者补充、完善直至符合要求；③实地检查，由认证机构指派已在日本农林水产省登记的检查员对申请者进行现场检查，检查员依据检查事实向认证机构提交检查报告；④审核判定，根据申请者的申请文件、检查员的实地检查情况和检查报告，认证委员审查后决定是否给予认证资格并提交判定委员会；⑤认证决定，认证机构的判定委员会依据申请者的申请文件、检查员的检查报告作出是否通过认证的决定，认证机构依据该认证决定向申请者颁发有机认证证书或"不予认证或认证资格保留"通知书；⑥取得认证后必须每年提交年度生产计划、实际生产及达规判定报告。

（五）日本JAS标准要求的管理体系（以植物生产管理者为例）

管理体系包括各类图纸、合同、机构组织、生产计划、管理方针、内部规程、记录与档案管理、内部监察、教育培训、达规判定规程等（表2-3）。其中，管理方针内容必须包含"生态环境保护""环境的可持续性""轮作体系""土地肥力培养""地域资源的循环利用""从事有机农业的原因""有机生产目标或理念"等；内部规程包括各种从事有机生产、加工、分装等的操作规程，申请者应在JAS法指导下制定这些操作规程，并按照这些规程实施生产，确保生产过程与JAS标准的符合性以及有机生产的完整性。

表 2-3　JAS 标准要求的管理体系

类别	项目	内容
图纸	田块分布全图	必须是整个产地、区域的地图。农场周围有垃圾堆放场地或工厂等设施时须标出；在图中标出田块的位置；标明生产者姓名、地块号（名称）、育苗设施、收获后作业设施
	每个田块的详细平面图	包括育苗设施或育苗田块；画出田块周边的情况（其他田块、树林、草地、池塘、河、沟、路、村庄、厂房等），标明与相邻田块的距离；有缓冲地带、缓冲水田的，要标明；标明水田的进水和排水；可在同一张图中画上多块相接壤的田块
	有机农产品的运输、筛选、清洗、预处理（晾晒等）等作业场所的平面图	标明机械的配置状况；标出地点、面积、作业内容、作业责任者姓名；如果存在平行生产，要分别标出有机产品和常规产品的加工动态流程
	仓储、保管、包装设施的平面图	要求同上。仓储设施除了要标明地址、面积，还要标出最大库容量
合同	将部分生产环节管理业务委托给外部机构时的合同	将栽培、运送、筛选、整理、储藏、包装等工序委托给外部机构或人员时适用；将委托作业内容、选定受托方的理由、责任范围、遵守内部规程的要求等写入合同（也可以是备忘录、协议、约定等）
	与生产者（从事全部生产过程的农业单位或个人）的合同	接受认证的生产过程管理者（组织）与具体生产者之间签订的关于有机种植的合同、协议；需要在合同中明确表述：遵守内部规程的承诺，须汇报的事项，管理方法，责任范围，违规行为的处理措施
机构组织	生产管理的组织图	各生产者与生产过程的管理组织关系要明确；标明生产过程管理责任者、生产过程管理执行者的姓名；标明违规判定责任者、违规判定者的姓名
生产计划	生产过程管理的计划	明确对生产者的检查巡视方法（检查时间、次数、事项以及记录方法）；明确禁用物质的管理体制（购买、保管及常规地块的使用状况）；明确管理中发生异常情况时的应对方法

（续表）

类别	项目	内容
内部规程	种子、种苗的获取	写明种子、种苗的选择标准、获取方法（自留种时，要写明来源、生产方法、处理方法）、使用方法、使用量或购买量；制作取得这些物资时要填写的记录表格
	培肥管理	写明原则；列出可使用肥料、土壤改良物质的清单；制作培肥管理要填写的记录表格；明确了堆肥、厩肥的制作与施用方法
	病虫草害防控	写明农业防控、物理防控或生物防控的具体方法；写明使用农药的程序；有可以使用的防控物质清单；制作防控所要填写的记录表格
	一般管理	写明缓冲地带的设置方法、管理方法；在土壤、植物上使用除了肥料、土壤改良物质及农药以外物质时，要制定相应规定；列出一般管理可以使用的物质；制作一般管理所要填写的记录表格
	育苗管理	在有机地块以外育苗时，必须制定相应规定；写明育苗用土壤、覆土等的管理方法；规定防止来自周围其他地块的农药等污染的对策；制作关于育苗管理所要填写的记录表格
	机械、器具的管理	明确规定使用方法和使用目的；明确规定清洗、保养方法及其使用记录的保管方式；制作管理的记录表格
	收获、运送、筛选、预处理（晾晒等）、清洗、储藏及收获后其他工序的管理	明确规定全部作业程序及每种作业的内容、作业场所；明确规定在各道作业工序中与常规产品区分管理和防止被化学药品污染的方法；明确规定出货作业程序、出货指令、出货方法；规定出货批号的编制方法；有记录作业实施情况的表格
	投诉处理规程	明确规定发生来自外部的投诉时相应的处理程序和对策；有记录投诉情况和处理情况的表格
	生产计划的制定方法和通知认证机构的方式	明确规定年度生产计划的制定方法、修改方法，以及将年度生产计划通知给认证机构的时间和方法；年度生产计划可以通过填写申请书的方式通知认证机构；推荐建立轮作体系
	接受认证机构检查	写明如何协助认证机构检查、调查和监督（原则上生产过程管理责任者必须到场）；明确规定申请内容有变化时要向认证机构报告

（续表）

类别	项目	内容
内部规程	记录的保管	明确规定记录的保存时间（JAS 认证为出货日起 1 年以上）；规定需要填写的各种记录表格
达规判定规程	关于生产过程的检查项	做成并保持能确认符合有机 JAS 规格的生产过程管理记录；明确规定用于检查生产过程的生产管理记录名称（内部规程中规定的各类农事记录、出货记录、监察管理记录等），记录名称必须与实际操作中使用的名称一致；明确管理记录与达规判定对象（货物批次）的核对方法；规定确认管理记录与有机 JAS 规格第 4 条中一致性、符合度的确认时机、确认方法、确认者，确认者要在确认过的文件上签名；规定生产过程检查中发现的不符合有机 JAS 规格产品的处理方法；要有关于生产过程检查的固定记录格式（达规判定实施记录）
	达规判定的标示	有机 JAS 标志的使用方法（用于发货单、标签、包装箱、包装袋等）、管理方法，对达规判定的标示的确认要明确；有机农产品名称的标示依据有机 JAS 规格第 5 条的规定；规定有机 JAS 标志及包装上的相关文字说明在印刷前要经 JAS 认证机构确认合格后方可交付印刷；要有机 JAS 标志数量（印刷、领取、使用、库存、损耗、处理的标志数量）管理的记录格式（台账）
	达规判定后的货物出货、未达规产品的处理	明确规定达规判定标示后（加施了有机 JAS 标志以后）的出货方法、与普通产品区分及防止污染的方法；明确规定达规判定后到出货过程中出现的不合格品的处理方法；对不合格品要有调查及其有机 JAS 标志消除、回收和废弃等的处理方法；要有不合格事由和数量的管理记录表
	出货后发现产品不符合有机标准时的对应方法	通过出货记录确定购买者，通知他们这批产品为不符合产品
	记录及其保存	明确达规判定实施的记录人员、记录种类、记录保存地点、记录保存期限（JAS 认证为出货之日起 1 年）
	协助认证机构的工作	明确规定接受认证机构的检查、调查和监察时要提供协助，出示相关记录，开放相关设施（原则上达规判定责任者必须到场）；申请内容变更时进行申报的程序

(续表)

类别	项目	内容
其他相关资料	教育培训规定	规定关于开展有机培训的程序；规定内部规程、达规判定规程等变更时通知相关人员的方法；有关于教育培训的记录表格
	内部监察规程	具有内部规程与实际作业一致的监察规程（重新评估监察时间、实施人员、实施方法、判定者和判定方法、监察效果等）；规程修改后向认证机构报备的程序；有内部监察的记录表格
	达规判定标识/产品包装/其他标识	提供使用有机标识的产品包装材料（包括有机JAS标志及产品名称、产品说明）及送货单的复印件，所有包装材料在印刷之前须通过认证机构的审查；新申请者也可提交预定标示方案（可不标示有机JAS标志、但标明使用有机JAS标志的位置）；提供带有JAS标志的公司网站、名片等资料上关于有机的说明
	物质投入（要求提交投入品的规格、工艺流程、使用说明书、成分表、药品安全证书）	使用肥料及土壤改良物质时，填写"肥料及土壤改良物质使用申请书"，并附相关资料；使用农药时，填写"农药使用申请书"，并附相关资料；在设施内使用的药剂（清洗剂、杀菌剂、防虫剂、防鼠药等），填写"有害动植物防除药剂申请书"，并附相关资料；使用预处理物质时，填写"预处理用物质使用申请书"，并附相关资料
	生产过程管理者的对外宣传介绍文件	明确生产过程管理者的方针、目的的文件；内容表述符合JAS法的相关原则

（六）日本JAS标志的使用

经过日本农林水产省认可的认证机构只能对有机配料含量在95%以上的产品进行认证，不能对有机配料含量在95%以下的产品进行认证，获得认证的有机农产品、有机加产品和有机饲料可以在销售包装上加施日本有机标志（图2-5），并且在该标志下方标注认证机构的名称（可以是简称或英文缩写）以及该产品的认证编号。有机产品可以标注为"××（有机农产品）""××有机栽培农产品""有机农产品××""××有机农产品""有机栽培农产品××""××有机栽培农产品""有机种植××""××有机种植""有机××""××有机""××（有机农产品加工产品）"等。

有机JAS标志必须由专人负责，对数量严格把关；使用者按实际使用数量申请，经审查核实后方可支取；加施过程中JAS标志损坏或因其他原因废弃的，全部交给保管人员，以换取同等数量的JAS标志；保管人员定期清点核对JAS标志，并制作标志管理台账，掌握库存、使用、损耗、废弃的数量。

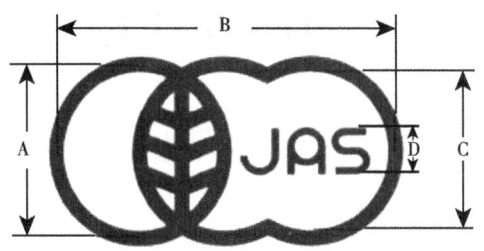

×××××（认证机构名称）
×××××（认证编号）

图2-5　日本有机产品标志

注：A为5毫米以上；B是A的2倍；D是C的3/10；认证机构名称的文字高度与D一样高；认证机构名称可以使用缩写；A和B是外圆和内圆的中间，即必须通过线宽度的中心；C是内圆的直径。

第三章 COFCC 有机产品认证指南

第一节 有机产品认证程序指南

中绿华夏有机产品认证中心（简称COFCC或中绿华夏）作为农业农村部推动有机农业运动发展的专门机构，其有机产品认证流程如图3-1所示。

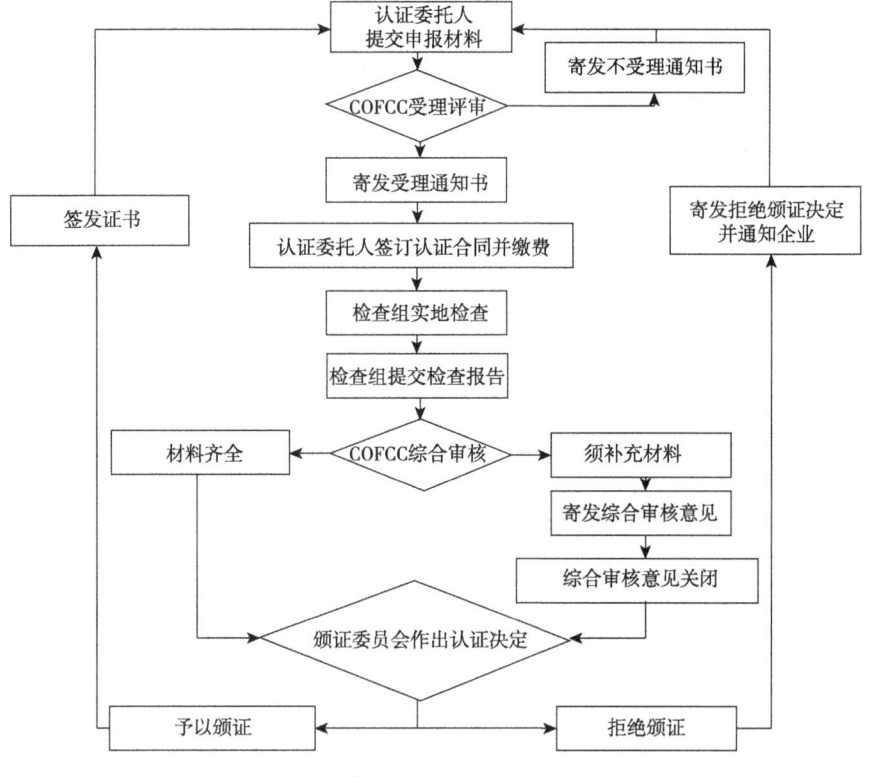

图 3-1 认证流程

一、申 请

（1）COFCC向认证委托人公开以下文件和信息：批准、拒绝、保持、扩大、缩小、变更、暂停、恢复、撤销、注销认证的条件和程序，有机产品认证收费管理细则，处理申诉、投诉、争议控制程序，申请者、获证企业权利与义务，认证制度说明，GB/T 19630—2019《有机产品 生产、加工、标识与管理体系要求》，证书样本。

（2）认证委托人应符合《有机产品认证实施规则》5.2条款中的受理条件。

（3）申请认证的产品种类应在国家认监委公布的《有机产品认证目录》内。枸杞产品还应符合《有机产品认证实施规则》附件6的要求。

（4）认证委托人按照GB/T 19630—2019《有机产品 生产、加工、标识与管理体系要求》的要求，建立并实施了有机生产、加工和经营管理体系，并至少有效运行3个月以上。

（5）认证委托人应在产品收获、屠宰或捕捞前提交"有机产品认证申请书""有机产品认证调查表"及"有机产品认证文件资料清单"要求的文件，提出正式申请。

二、合同评审

（1）在收到有机产品认证申报材料10个工作日内，COFCC认证部门对申报材料进行合同评审。

（2）对于通过合同评审的认证委托人，COFCC认证部门根据项目情况和《有机产品认证收费管理细则》核算检查时间和认证费用，经部门负责人审核和分管副主任批准后寄发"受理通知书""有机产品认证合同"。

当评审不合格时，COFCC认证部门发出"不受理通知书"通知认证委托人，且当年不再受理其申请。

三、签订合同

（1）认证委托人确认"受理通知书"后，与COFCC签订"有机产品认证合同"。

（2）根据"有机产品认证合同"的要求，认证委托人须一次性交纳认证费用。

四、现场检查准备

（1）根据所申请产品对应的认证范围，COFCC认证部门委派具有相应资质和能力的检查员组成检查组，每个检查组至少有一名具有相应认证范围注册资质的专职检查员。

（2）COFCC认证部门与认证委托人沟通后向其发出"检查通知书"，通知其检查时间及检查组人员组成。认证委托人不得选择或推荐检查员，但有权在检查之前得知检查员的身份，并提出与任何潜在利益冲突相关的异议（不适用于非例行检查）。

（3）COFCC认证部门向检查组发"检查员委派书"，委派其进行现场检查。

（4）检查前，检查组长应依据"检查员委派书"的要求，制作"检查计划书"，对于检查的时间、地点、范围、依据和涉及人员作出要求。"检查计划书"报COFCC认证部门批准后，须得到认证委托人的确认，同时发送给其他检查组员。

五、文件审核

（1）现场检查前，检查组长应对认证委托人的申报材料进行审核，并完成"有机产品认证文件审核报告"。需要补充材料的，向认证委托人发出"补充材料清单"。

（2）认证委托人需在"补充材料清单"规定的时限内完成相关材料的补充工作，逾期视为自动放弃认证，COFCC认证部门发出"认证流程终止通知书"，终止此次认证流程。

六、现场检查实施

（1）现场检查应由检查组长主持召开首次会议，并填写"现场检查签到表"。首次会议的主要目的：①再次确认检查计划；②简要介绍检查活动如何实施；③确认沟通渠道；④向受检查方提供询问机会。

（2）检查组应对生产单元的全部生产活动范围逐一进行现场检查，对于多个农户负责生产的组织在现场检查前首先进行风险评估，根据风险评估结果确定对农户抽样检查的数量和样本，抽样数不应少于农户数量的平方根（如果有小数向上取整）且不少于10户；农户数量不超过10户时，应检查全部农户。应对所有加工场所实施检查。需在非生产、加工场所进行二次分装/分割的，也应对二次分装/分割的场所进行现场检查。

（3）检查组应依据GB/T 19630—2019《有机产品 生产、加工、标识与管理体系要求》和《有机产品认证实施规则》的要求，对认证委托人的管理体系进行评审，核实其生产、加工和经营过程与其所提交文件的一致性，确认生产、加工过程与GB/T 19630—2019《有机产品 生产、加工、标识与管理体系要求》的符合性。实地检查应至少包括：①对生产、加工过程、产品和场所的检查，如生产单元存在非有机生产和加工或经营时，也应关注其对有机生产、加工或经营的可能影响及控制措施；②对生产、加工、经营管理人员、内部检查员、操作者的访谈；③对GB/T 19630所规定的管理体系文件与记录进行审核；④对认证产品的产量与销售量进行衡算；⑤对产品追溯体系、认证标识和销售证的使用管理进行验证；⑥对内部检查和持续改进的评估；⑦对产地和生产加工环境质量状况的确认，并评估对有机生产、加工的潜在污染风险；⑧按照《COFCC有机认证产品抽样检验（测）规范及检测目录》的要求对产品进行抽样，并完成"有机产品抽样单"，由认证委托人将样品送到有法定资质的检测机构进行检测；⑨对上年度提出的不符合项采取的纠正和（或）纠正措施进行验证（适用时）。

（4）检查组应填写"现场检查记录"，至少记录以下内容：①检查的日期与时间；②面谈的人员；③检查的区域与设施；④生产、加工、经营过程情况。

（5）检查完成前，由检查组长主持召开末次会议，并填写"现场检查签到表"。末次会议的主要目的是以受检查方能够理解和认同的方式对检查情况进行总结，提出检查发现和结论。如涉及不符合项，则填写"不符合项报告"，确定整改时限并限期完成整改。

七、检查报告和综合审核

（1）检查组完成检查后，按COFCC给出的统一格式，对认证委托人的生产管理体系进行公正、客观和全面的分析，编写"检查报告"。

（2）针对检查组提出的"不符合项报告"，认证委托人应在检查组规定的整改时限内将整改材料提交检查组，逾期未提交的，视为放弃认证，此次认证流程终止。

（3）检查组在"检查报告"中应对认证委托人的生产、加工、经营活动是否符合认证要求、管理体系是否有效运行作出判断，但不应对其是否通过认证作出结论。

（4）检查组应在检查完成后15个工作日内将检查报告等现场检查文件及现场检查照片提交给COFCC认证部门。

（5）COFCC认证部门收到检查报告后10个工作日内完成综合审核，并发出"综合审核意见通知书"。认证委托人应在规定的时限内提交综合审核补充材料，逾期视为放弃认证，COFCC认证部门发出"认证流程终止通知书"，终止此次认证流程。

（6）对于综合审核意见为"建议颁证"或"拒绝颁证"的，均提交颁证委员会进行颁证评审。

八、认证决定

（1）颁证委员会秘书处自收到COFCC认证部门转来的评审材料之日起5个工作日内，完成预审查。

（2）颁证委员会定期召开评审会议，对认证委托人提交的"有机产品认证申请书""有机产品认证调查表"及相关文件，检查组提交的"检查报告"等现场检查文件进行全面审查，填写"有机产品认证颁证报告"，客观地作出认证决定。

（3）认证决定的依据为《批准、拒绝、保持、扩大、缩小、变更、暂停、恢复、撤销、注销认证的条件和程序》。

（4）复核与认证决定人员与认证委托人如有利益冲突，应回避。

（5）评审颁证部根据认证决定制作"颁证决定""颁证评审意见通知书"（适用时）或"拒绝颁证通知书"。

九、认证证书制作和发放

有机产品认证证书和有机转换认证证书的制作和发放按照《认证证书及标志控制程序》执行。

十、认证证书和标志的使用

在获得证书后，同时寄发《认证证书和认证标志管理规则》，获证组织需严格按照《认证证书和认证标志管理规则》中的规定使用有机产品认证证书与认证标志。

十一、再认证

（1）在新的认证年度，认证委托人应至少在证书有效期前3个月提出再认证申请，提交"有机产品再认证申请书""有机产品再认证调查表"与"有机产品再认证文件资料清单"等再认证材料。再认证申请时应确保留有充足时间完成现场检查，且现场检查可安排在生产、加工季节。逾期未提交的视为放弃再认证。

（2）COFCC认证部门在10个工作日内对再认证申请材料进行评审，填写"有机产品再认证合同评审报告"。

（3）对通过合同评审的认证委托人，寄发"再认证通知书"，如认证费用不发生变更则不再寄发"有机产品认证合同"，费用变更将重新核算费用并寄发"有机产品认证合同"。

（4）当合同评审不合格时，COFCC认证部门发出"不受理通知书"书面通知认证委托人，并终止再认证流程。

（5）获证组织在签订"有机产品认证合同"（适用时）并缴纳认证费用后，COFCC认证部门策划实施现场检查。

（6）现场检查准备、文件审核、现场检查实施、编写"检查报告"、综合审核、认证决定、证书的制作与发放、有机产品证书与标志的使用与初次认证相同。

第二节　批准、拒绝、扩大、缩小、变更、注销、暂停、恢复、撤销认证的条件和程序

本节为COFCC《批准、拒绝、扩大、缩小、变更、注销、暂停、恢复、撤销认证的条件和程序》内容，个别文字略有调整，具体内容由COFCC制定并负责解释。

一、目　的

为规范有机产品认证（以下简称认证）过程和手续，确保认证结论的科学性和公正性，制定本程序。

二、适用范围

本程序适用于批准、拒绝、保持、扩大、缩小、变更、注销、暂停、恢复、撤销认证的过程。

三、职责

（1）认证部门、评审颁证部、质量管理部根据各部门职责，分别负责批准、拒绝、扩大、缩小、变更、注销、暂停、恢复、撤销认证中有关工作的受理、审核并出具审核意见。

（2）颁证委员会负责对批准、拒绝、扩大、缩小、变更、注销、暂停、恢复、撤销认证进行复核并作出认证决定。

（3）COFCC主任负责批准、拒绝、扩大、缩小、变更、注销、暂停、恢复、撤销认证证书或文件的签发。

（4）评审颁证部负责办理批准、拒绝、扩大、缩小、变更、注销认证后证书和认证标志管理的相关手续。

（5）质量管理部负责办理暂停、恢复、撤销认证后证书和认证标志管理的相关手续。

四、批准、拒绝、扩大、缩小、变更、注销、暂停、恢复、撤销认证的条件

1. 批准认证的条件

认证委托人同时符合下列条件的，可予批准认证。

（1）申请文件齐全有效。

（2）产地环境与产品经检测符合相应认证标准。

（3）生产、加工或经营活动，管理体系，以及其他审核证据符合《有机产品认证实施规则》和GB/T 19630《有机产品 生产、加工、标识与管理体系要求》的要求。

（4）生产、加工或经营活动，管理体系，以及其他检查证据虽不完全符合《有机产品认证实施规则》和GB/T 19630《有机产品 生产、加工、标识与管理体系要求》的要求，但认证委托人已经在规定的期限内完成了不符合项的纠正和（或）采取了纠正措施，并通过COFCC验证。

（5）缴纳了有关认证费用。

2. 拒绝认证的条件

认证委托人存在以下情况之一的，不予批准认证。

（1）提供虚假信息，不诚信。

（2）未建立管理体系或建立的管理体系未有效实施。

（3）列入国家信用信息严重失信主体相关名录。

（4）生产、加工或经营过程使用了禁用物质或者受到禁用物质污染。

（5）产品检测发现存在禁用物质。

（6）申请认证的产品质量不符合国家相关法律法规和（或）技术标准强制要求。

（7）存在认证现场检查场所外进行再次加工、分装、分割的情况。

（8）一年内出现重大产品质量安全问题，或因产品质量安全问题被撤销有机产品认证证书。

（9）未在规定的期限完成不符合项的纠正和（或）采取了纠正措施，或纠正行为和（或）纠正措施未满足认证要求。

（10）经检测（监测）机构检测（监测）证明产地环境受到污染。

（11）其他不符合《有机产品认证实施规则》和（或）GB/T 19630《有机产品 生产、加工、标识与管理体系要求》的要求，且无法纠正。

3. 扩大或缩小认证的条件

（1）认证证书有效期内，认证委托人符合下列条件的情况，可申请扩大或缩小认证：①同一生产单元、加工场所或经营场所内，增加认证产品种类、数量；②同一有机生产质量管理体系内，增加认证产品种类、数量、生产单元、加工场所或经营场所；③减少同一张认证证书所含产品的种类、数量或生产场所。

（2）不在同一有机生产质量管理体系内，生产单元（包括生产基地、加工场所或经营场所）增加的，应按照新申报认证项目认证程序进行认证。

（3）由于自然天气、作物自身生长规律等因素导致不同生产年度产品数量的增加或减少，不属于扩大或缩小认证的范围。

4. 变更认证的条件

在认证证书有效期内，获证组织有下列情形之一的，认证委托人应当在15日内向评审颁证部申请变更，COFCC在收到认证证书变更申请之日起30日内对认证证书应予变更。

（1）认证委托人或者有机产品生产、加工单位名称或者法人性质发生变更。

（2）获证产品名称变更。

（3）增加认证产品种类或数量，与原证书获证产品出自同一生产单元、加工场所、经营场所或同一有机生产质量管理体系。

（4）增加生产单元、加工场所或经营场所，与原证书获证产品出自同一有机生产质量管理体系。

（5）减少原证书所含产品种类、数量或生产场所。

（6）使用相同原料的系列产品，原料数量不变，仅调整获证产品原料分配。

（7）其他需要变更证书的情形。

（8）增加生产单元、加工场所或经营场所，与原证书获证产品出自不同有机生产质量管理体系的，应按照新申报认证项目认证程序进行认证。

5. 注销认证的条件

获证组织有下列情况之一的，COFCC将在30日内注销认证证书，并对外公布。

（1）认证证书有效期届满前，未申请延续使用。

（2）获证产品不再生产。

（3）获证产品的认证委托人已申请注销。

（4）其他需要注销认证证书的情形。

获证组织应将注销的有机产品认证证书和未使用的标志交回COFCC或在COFCC的监督下销毁剩余标志和带有有机产品认证标志的产品包装。必要时，召回相应批次带有有机产品认证标志的产品。

6. 暂停认证的条件

在证书有效期内，获证组织发生下列情形之一的，COFCC在15日内暂停认证证书1~3个月，并对外公布。

（1）未按规定使用认证证书或认证标志。

（2）获证产品的生产、加工、销售等活动或者管理体系不符合认证要求，且经COFCC评估在暂停期限内能够有效纠正或（和）采取纠正措施。

（3）未按《有机产品认证实施规则》要求通报信息，并对认证有效性造成影响。

（4）认证监管部门责令暂停认证证书。

（5）其他需要暂停认证证书的情形。

认证证书暂停期间，认证委托人应当暂停使用认证证书和认证标志、封存带有有机产品认证标志的相应批次产品。

7. 恢复认证的条件

（1）被撤销或注销的认证证书，不能以任何理由予以恢复。

（2）认证证书被暂停的，在证书暂停期满且完成对不符合项的纠正或（和）采取纠正措施并经COFCC确认后，可予以恢复。

8. 撤销认证的条件

有下列情形之一的，COFCC在7日内撤销认证证书，并对外公布。

（1）获证产品质量不符合国家相关法规、标准的强制要求或被检出有机产品国家标准禁用物质。

（2）获证产品生产、加工过程中使用了有机产品国家标准禁用物质或受到禁用物质污染。

（3）获证产品的认证委托人虚报、瞒报获证所需信息。

（4）获证产品的认证委托人超范围使用认证标志。

（5）获证产品的产地（基地）环境质量不符合认证要求。

（6）获证产品的生产、加工、销售等活动或者管理体系不符合认证要求，且在认证证书暂停期间，获证组织未有效纠正或（和）采取纠正措施。

（7）获证产品在认证证书标明的生产、加工场所外进行了再次加工、分装、分割。

（8）获证产品的认证委托人对相关方的重大投诉（确有问题）未能采取有效处理措施。

（9）获证产品的认证委托人从事有机产品认证活动过程中因违反国家农产品、食品安全管理相关法律法规而受到相关行政部门处罚。

（10）获证产品的认证委托人拒不接受认证认可监管部门、COFCC对其实施监督。

（11）未经COFCC核准，擅自全部或部分采用未经核准的原料，或擅自改变产品配方。

（12）认证监管部门责令撤销认证证书。

（13）拖欠认证费用达3个月以上。

（14）其他需要撤销认证证书的情形。

认证证书撤销后，获证组织应将撤销的有机产品认证证书和未使用的有机标志交回COFCC，或由获证组织在COFCC的监督下销毁剩余有机标志和带有有机产品认证标志的产品包装。因上述第（1）—（11）条原因被撤销证书时，获证组织应召回相应批次带有有机产品认证标志的产品。

五、工作程序

1. 批准认证

见本章第一节"有机产品认证程序指南"第一至第八部分。

2. 拒绝认证

见本章第一节"有机产品认证程序指南"第一至第八部分。

3. 扩大或缩小认证

认证委托人填写"有机产品变更认证申请表"，并将申请表及其他相关材料提交给评审颁证部进行文件审核。

对于本节第四部分第四项中所列"（3）增加认证产品种类或数量，与原证书获证产品出自同一生产单元、加工场所、经营场所或同一有机生产质量管理体系"和"（4）增加生产单元、加工场所或经营场所，与原证书获证产品出自同一有机生产质量管理体系"情况，评审颁证部文件审核认为涉及关键环节需要认证部门进一步审核的，转认证部门根据实际情况决定是否派出检查组进行现场检查。认证委托人按照《有机产品认证收费管理细则》要求缴纳证书变更相关费用，认证部门审核结束后，将有关审核材料汇总，由颁证委员会进行复核并做出认证决定。

对于本节第四部分第四项中所列"（8）增加生产单元、加工场所或经营场所，与原证书获证产品出自不同有机生产质量管理体系的，应按照新申报认证项目认证程序进行认证"情况，转认证部门要求认证委托人按照新申报认证程序办理申请手续，并按新申报认证项目流程履行审核、颁证等有关手续。

评审颁证部负责办理扩大/缩小认证后变更认证证书和认证标志的相关手续，并对认证信息数据库、销售证及有机码进行调整。

4. 变更认证

对于本节第四部分第四项中所列"（1）认证委托人或者有机产品生产、加工单位名称或者法人性质发生变更""（2）获证产品名称变更""（5）减少原证书所含产品种类、数量或生产场所""（6）使用相同原料的系列产品，原料数量不变，仅调整获证产品原料分配"及"（7）其他需要变更证书的情形"所列需要变更的情况，认证委托人应及时提交"有机产品变更认证申请表"及其他相关材料，提交给评审颁证部进行文件审核。经评审颁证部审核，由颁证委员会进行复核并做出认证决定。认证委托人按照《有机产品认证收费管理细则》要求缴纳证书变更相关费用并将原证书寄回，评审颁证部负责办理认证证书变更的相关手续，并对认证信息数据库、销售证及有机码进行调整。

5. 注销认证

对于符合本节第四部分第五项"注销认证的条件"者，认证委托人填写"有机产品认证证书注销申请表"，评审颁证部审核后，报分管主任审批，COFCC主任批准后，通过网络或其他媒体对注销认证的企业、产品及其他相关信息进行公告，并对认证信息数据库、销售证及有机码进行调整。

6. 暂停认证

对于符合本程序第四部分第六项"暂停认证的条件"者，质量管理部填写"暂停使用认证证书及认证标志审批表"，报颁证委员会审批，COFCC主任批准签发，责令获证组织暂停使用认证证书和认证标志，暂时封存仓库中带有有机产品认证标志的相应批次产品，并限期（最长不超过3个月）整改，向其说明整改内容、限定整改期限和恢复认证申请的要求，并通过网络或其他媒体对暂停认证的企业、产品及其他相关信息进行公告。评审颁证部根据质量管理部发出的公告对认证信息数据库、销售证及有机码进行调整。

7. 恢复认证

暂停期满后，暂停认证的获证组织按照整改意见进行整改，当企业提出恢复使用认证证书和认证标志的申请后，质量管理部负责组织对企业整改情况实施审查并提出审查意见，编写"恢复使用认证证书及认证标志审批表"，报颁证委员会审批，COFCC主任批准签发。恢复认证后，通过网络或其他媒体对恢复认证的企业、产品及其他相关信息进行公告。评审颁证部根据质量管理部发出的公告对认证信息数据库、销售证及有机码进行调整。

8. 撤销认证

对于符合本程序第四部分第八项"撤销认证的条件"者，质量管理部负责编写"撤销认证证书及停止认证标志审批表"，报颁证委员会审批，COFCC主任批准签发。通知责令获证组织停止使用认证证书和认证标志，将撤销的有机产品认证证书和未使用的标志交回认证机构，并通过网络或其他媒体对撤销认证的企业、产品及其他相关信息进行公告。评审颁证部根据质量管理部发出的公告对认证信息数据库、销售证及有机码进行调整。

第三节　有机产品认证收费管理细则

本节为COFCC《有机产品认证收费管理细则》内容，个别文字略有调整，该细则由COFCC制定并负责解释。

一、总　则

（1）为了规范有机产品认证，规范认证收费行为，维护认证双方的合法权益，促进有机产品认证工作的健康有序发展，特制订本细则。

（2）本细则确定的收费项目依据国家计划委员会和国家质量技术监督局《关于印发产品质量认证收费管理办法和收费标准的通知》（计价格〔1999〕1610号）、国家发展和改革委员会《关于放开部分专业服务收费标准有关问题的通知（发改价格〔2014〕1437号）、国家质量监督检验检疫总局办公厅《关于转发国家发展和改革委员会〈关于放开部分专业服务收费标准有关问题的通知〉的通知》（质检办财〔2014〕620号），并参照国际惯例制定。

（3）本细则适用于中绿华夏有机产品认证中心（COFCC）开展的认证业务收费。

二、收费原则与用途

（1）COFCC本着不以营利为目的的原则开展认证业务。

（2）认证收费主要用于与认证有关的人员经费，培训、办公、宣传费用，房屋、设备等固定资产的折旧和维护费用，以及缴纳认可机构的年费和国家规定的税金等。认证收费不得用于以营利为目的的投资。

三、收费项目及标准

（一）收费项目

（1）有机产品认证费：包括申请费、审核费、注册费（含证书费）和年度管理费。

（2）副本证书费、英文版证书费、证书补发费。

(3）证书变更相关费用。
(4）销售证费/销售证变更费。
(5）有机认证产品防伪标签制作费。

(二) 收费标准

收费标准见表3-1，其中生产规模及工艺复杂系数（检查人日数）的核定方法见表3-2。

表3-1 COFCC有机产品认证收费标准

序号	收费项目		收费标准（以人民币计）	
1	申请费		2 000元	
2	审核费	文审费	2 000元	
3		检查费	3 000元 × X	
4		报告编写费	2 000元/份	
5		报告审核费	3 000元	
6	注册费（含证书费）		3 000元/张	
7	年度管理费		年产值在1 000万元（含）以下每年度管理费为5 000元/年；年产值在1 000万元以上每年度管理费为年产值的0.5‰；年度管理费总数额不超过5万元	
8	副本证书费/英文版证书费		200元/张	
9	证书变更费（不含检查费）		500元/张	
10	证书补发费		200元/张	
11	销售证费/销售证变更费		300元/张	
10	有机认证产品防伪标签制作费	纸面不干胶普通型（平装/卷装），25毫米×16毫米	0.03元/枚	
		有机码（流水线喷码用）	有机码数量≤1亿枚	0.005元/枚
			1亿枚＜有机码数量≤2亿枚	0.003元/枚
			有机码数量＞2亿枚	0.002元/枚
		牛皮纸材质封口型，40毫米×60毫米	0.12元/枚	

(续表)

序号	收费项目		收费标准（以人民币计）
10	有机认证产品防伪标签制作费	环保塑料扣型，22毫米×17毫米	0.5元/枚
		PVC二维码防水型，37毫米×25毫米	0.3元/枚
		PE膜二维码型，27毫米×18毫米	0.04元/枚
		不干胶二维码型（平装/卷装），27毫米×18毫米	0.04元/枚
		不干胶二维码型（平装/卷装），34毫米×23毫米	0.06元/枚
		不干胶二维码型（平装/卷装），62毫米×42毫米	0.1元/枚
		洗唛材质型，40毫米×60毫米	0.14元/枚

注：①X为生产规模及工艺复杂系数（检查人日数），核定方法见表3-2；②年产值指申请认证产品的年产值。

表3-2 生产规模及工艺复杂系数（检查人日数）

类别			规模	X
植物生产	谷物、豆类和其他油料作物、坚果、香辛料物、调香的植物、青饲料植物、制糖作物、纺织用的植物原料等		面积≤1 000亩①	1
			1 000亩<面积≤3 000亩	2
			3 000亩<面积≤6 000亩	3
			面积>6 000亩	每增加5 000亩，X增加1
	蔬菜、水果、花卉、茶、植物类中药	非设施	面积≤500亩	1
			500亩<面积≤1 500亩	2
			1 500亩<面积≤3 000亩	3
			面积>3 000亩	每增加3 000亩，X增加1
		设施	面积≤100亩	1
			100亩<面积≤300亩	2
			300亩<面积≤600亩	3
			面积>600亩	每增加500亩，X增加1

① 1亩≈667米^2，全书同。

（续表）

类别		规模	X
食用菌栽培		菌棒数量≤100万个	1
		100万个＜菌棒数量≤200万个	2
		200万个＜菌棒数量≤500万个	3
		菌棒数量＞500万个	每增加300万个菌棒，X增加1
野生资源采集		面积≤2 000公顷	1
		2 000公顷＜面积≤5 000公顷	2
		5 000公顷＜面积≤1万公顷	3
		面积＞1万公顷	每增加1万公顷，X增加1；X最高不超过6
水产养殖/捕捞	开放水域	面积≤2 000公顷	1
		2 000公顷＜面积≤5 000公顷	2
		5 000公顷＜面积≤1万公顷	3
		面积＞1万公顷	4
	非开放水域	面积≤1 000亩	1
		1 000亩＜面积≤3 000亩	2
		3 000亩＜面积≤6 000亩	3
		面积＞6 000亩	4
畜禽养殖	牛、马、猪	数量≤2 000头（匹）	1
		2 000头（匹）＜数量≤5 000头（匹）	2
		5 000头（匹）＜数量≤1万头（匹）	3
		数量＞1万头（匹）	每增加5 000头，X增加1
	羊、鹿、骆驼	数量≤5 000只（头）	1
		5 000只（头）＜数量≤1万只（头）	2
		1万只（头）＜数量≤2万只（头）	3
		数量＞2万只（头）	每增加1万只，X增加1
	家禽	数量≤1万只	1
		1万只＜数量≤4万只	2
		4万只＜数量≤9万只	3

（续表）

类别		规模	X
畜禽养殖	家禽	数量 >9 万只	每增加 5 万只，X 增加 1
	天然放牧	数量 ≤ 5 万头（匹、只）	1
		5 万头（匹、只）< 数量 ≤ 15 万头（匹、只）	2
		15 万头（匹、只）< 数量 ≤ 30 万头（匹、只）	3
		数量 >30 万头（匹、只）	每增加 15 万头，X 增加 1
加工		产量 ≤ 3 000 吨	1
		3 000 吨 < 产量 ≤ 1 万吨	2
		1 万吨 < 产量 ≤ 2 万吨	3
		产量 >2 万吨	4

注：①对于基地集中连片、生产管理统一或生产管理粗放的，X 值可根据实际情况酌减，但不得低于应核定 X 值的平方根；②对于植物生产、食用菌栽培、水产养殖/捕捞、野生采集、畜禽养殖类型附带加工的，如基地面积小，且加工工艺简单的，X 值可根据实际情况酌减，但不得低于应核定 X 值的 50%；③"公司+农户""公司+基地+农户""公司+合作社+农户"或"合作社+农户"等涉及多个农户生产的，农户数超过 5 个时，每增加 5 个农户 X 值增加 1；④申请认证作物品种超出 10 个的，每增加 10 个产品 X 值增加 1；⑤覆土或托盘栽培的食用菌，按面积总和参考蔬菜类产品核算；⑥未列明的其他畜禽品种参照相近类别核算；⑦根据加工工艺复杂情况，X 值可相应略有调整。

四、收费方法

（1）认证委托人与COFCC签订"有机产品认证合同"后，应按约定一次性付清认证费用。

（2）副本证书费、证书补发费、销售证费/销售证变更费、有机认证产品防伪标签制作费依据表3-1中相关标准收取。

（3）证书变更相关费用：如不涉及现场检查，按证书变更费收取；涉及现场检查时，加收检查费和报告编写费。对于年度管理费，可视实际情况进行调整。

（4）英文版证书费依据表3-1中相关标准收取，认证委托人为境外注册组织的免收制作费。

（5）抽样检测费由COFCC指定的检测机构按国家有关规定收取。

（6）检查员交通费、食宿费由认证委托人据实支付。

（7）因实际情况发生变化，认证费用可能发生调整。

第四节　有机产品认证标识使用指南

本节为COFCC《有机产品认证标识使用指南》内容，个别文字略有调整，该指南由COFCC制定并负责解释。

一、概　述

（一）背景与形势

近年来，随着人民群众生活不断改善，有机产品的认证和消费越来越受到社会关注，其中有机标志的使用不规范、有机产品不能追溯等问题是公众反应比较强烈的问题。国务院办公厅印发了《2012年全国打击侵犯知识产权和制售假冒伪劣商品工作要点》（国办发〔2012〕30号），要求围绕侵权假冒突出问题，开展专项整治，强化刑事司法打击，建立完善长效机制，加强基础建设，强化宣传引导，确保工作实效。有机产品认证标志首次被列入专项整治工作，通知要求加强对有机获证企业的监督检查，严禁获证企业超范围、超数量使用有机产品认证标志；加强对流通领域的监督检查，严肃查处假冒、伪造、超期和超范围使用认证标志行为，严禁在认证证书标明的生产、加工场所外对有机产品进行二次分装、分割，并擅自加贴有机产品认证标志；加强有机产品认证标志备案系统建设和宣传，方便消费者和监督部门查询监督。

为了规范有机产品标志使用和管理，实现整个有机产业的健康发展，根据《中华人民共和国认证认可条例》《有机产品认证管理办法》等有关规定和国家认监委的工作部署，中国有机产品认证标志备案管理系统已建成，实现了有机产品认证标志的查询、追溯等功能。有机产品认证标志备案管理系统和有机产品认证信息系统相衔接，将发挥标志防伪、信息采集、信息查询和信息公开的重要作用，便于监管部门、社会公众对市场上的标志使用情况进行监督和查询。

（二）引用文件

下列文件所含有的条款，通过本指南的引用而构成了本指南的内容。标明日期的引用文件，修订或换版后不再适用。凡是未注明日期的引用文件，其最新版本适用于本文件。

《有机产品认证管理办法》（国家市场监督管理总局令第61号 第二次修订）

《认证证书和认证标志管理办法》（国家市场监督管理总局令第61号 第二次修订）

《有机产品认证实施规则》（CNCA-N-009：2019）

《认监委关于发布新版〈有机产品认证证书编号规则〉和〈有机产品认证标志编码规则〉的公告》（认监委2022年第8号公告）

《有机产品 生产、加工、标识与管理体系要求》（GB/T 19630—2019）

《关于国家有机产品认证标志印制和发放有关问题的通知》（国认注〔2005〕34号）

《关于进一步加强国家有机产品认证标志管理的通知》（国认注〔2011〕68号）

《有机产品认证标志管理系统数据报送工作指南》

《关于启用国家有机产品认证标志备案系统的公告》（国家认监委2012年第9号公告）

二、制度要求汇总

（1）有机产品认证标志是有机产品唯一身份标识，有机码是全国有机产品唯一追溯、验证信息。2012年7月1日之后出厂销售的有机产品必须在获证产品或者产品的最小销售包装上加施中国有机产品认证标志及其有机码（每枚有机产品认证标志的唯一编号）、认证机构名称或者其标识。

（2）根据《关于启用国家有机产品认证标志备案系统的公告》（国家认监委2012年第9号公告）要求，在2012年7月1日后（含7月1日）出厂销售的有机产品必须符合新的有机产品认证标识使用要求。

（3）根据2014年4月1日起发布施行的新《有机产品认证管理办法》，获转换证书企业一律不得加贴防伪标志。有机产品生产企业应采取有效措施，保证有机产品认证标志仅在认证证书限定的产品范围、数量内使用。严禁在认证证书覆盖范围外的场所进行二次分装、加贴标志等行为。

（4）依据GB/T 19630—2019和相关规定，不直接零售的加工原料可不加施有机产品认证标志。

三、有机产品认证标识

（一）术语和定义

1. 有机产品认证标识

有机产品认证标识即为有机产品认证防伪追溯标识，是由认证机构制定并向国家认监委提交备案的本机构的有机产品认证标志管理方案，明确认证标志设计方案，提出防伪、追溯等技术措施，确立认证标志的管理措施。

标识为"有机"的产品应在获证产品或者产品的最小销售包装上加施中国有机产品认证标志及其有机码（每枚有机产品认证标志的唯一编号）、认证机构名称或其标识。

2. 中国有机产品认证标志

中国有机产品认证标志见图3-2。

图3-2 中国有机产品认证标志

3. COFCC认证机构标识

中绿华夏有机产品认证中心的认证机构标识见图3-3。

图3-3 中绿华夏有机产品认证中心标识

4. 有机码

为保证中国有机产品认证标志的可追溯性，认证机构在向获证组织发放认证标志或允许获证组织在产品标签上印制认证标志时，赋予每枚认证标志的唯一编码，其编码规则详见《有机产品实施规则》的附件1。

（二）有机产品认证标识式样

有机产品认证标识采用防伪技术，明确了社会公众或消费者的识别方法，如在有机标识图案上注明公众查询有机码的方法，标明查询网站food.cnca.cn或cx.cnca.cn（全国认证认可信息公共服务平台），因此也被称为有机产品认证防伪追溯标识。

有机产品防伪追溯标识体现在包装上有两种形式：①有机产品认证防伪追溯标签（可以加贴的防伪标签）；②直接在包装上印刷标志和有机码。在防伪标签上使用有机码为暗码方式，刮开涂层后显示有机码；直接在包装上印刷有机码为明码方式。

为了便于获证企业加贴和管理，中绿华夏有机产品认证中心对于每枚防伪追溯标签或有机码配有身份码，身份码为连续数字的顺序码。

1. 有机产品认证防伪追溯标签（有机码暗码）

有机产品认证防伪追溯标签由经认证机构评审的有相应许可和资质的印制单位制作，具有防伪技术。标签上涵盖《有机产品认证实施规则》要求的全部信息。

COFCC的认证防伪追溯标签具体有以下几种式样。

（1）不干胶普通型（图3-4）。不干胶普通型有机产品认证防伪追溯标签由面层、里层、离型纸3层合成。面层为薄膜层，可印刷文字和图案；里层是特种防伪纸，印有防伪编码，纸背涂不干胶；底层为防粘离型纸。有机产品认证防伪追溯标志同时体现认证机构标识与中国有机产品认证标志。目前不干胶普通型有机产品认证防伪追溯标签规格为25毫米×16毫米。

图3-4 不干胶普通型有机产品认证防伪追溯标签

（2）不干胶/PE膜二维码型（图3-5）。可使用手机等电子设备扫描直接进入查询有机码页面。材料分为不干胶和PE膜（防水防皱）两种。其中，不干胶规格分为3种，分别为27毫米×18毫米、34毫米×23毫米、62毫米×42毫米；PE膜规格为27毫米×18毫米。获证企业可根据产品包装大小和加贴形式选择与相之适应的标签。

图3-5　不干胶/PE膜二维码型有机产品认证防伪追溯标签

根据加贴方式，分为平装不干胶和卷标不干胶两种形式，其中，平装不干胶用于人工贴标操作，卷标不干胶用于机器自动贴标操作，对于认证产品数量大、生产流水线效率高的获证企业，可以订购卷标不干胶，利用自动贴标机加贴于产品上，从而最大程度减小加贴标签对获证企业生产流水线造成的影响。

（3）PVC二维码防水型（图3-6）。水产领域获证企业，因其产品上不宜加贴普通的不干胶，可采用PVC二维码防水型有机认证防伪追溯标签，并用专门的工具将其吊挂到相应的水产品活体上（如有机鱼）。目前PVC防水型标签规格为37毫米×25毫米。

图3-6　PVC二维码防水型有机产品认证防伪追溯标签

（4）防水、耐高温环保塑料扣型（图3-7）。畜禽产品获证企业，可采用防水、耐高温的塑料扣佩戴在活体上，其规格为22毫米×17毫米。

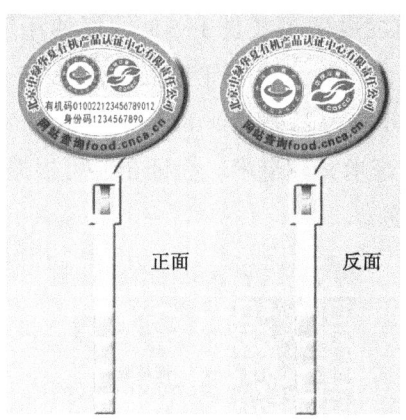

图 3-7　防水、耐高温环保塑料扣型有机产品认证防伪追溯标签

（5）洗唛/牛皮纸材质封口型（图3-8）。适用于不易加贴标签的袋装产品，可缝合在包装上，其规格为40毫米×60毫米。

图 3-8　洗唛/牛皮纸材质封口型有机产品认证防伪追溯标签

2. 直接在包装上印刷标志和有机码（有机码明码）

在最小销售包装上直接印刷中国有机产品认证标志、有机认证机构名称（标识）以及唯一编码。这种形式一般推荐大规模自动化流水线包装作业使用，一般采取先在包装上印刷好中国有机产品认证标志和有机认证机构名称（标识），然后再设立专门包装喷码流水线在成品包装上喷印有机码。

这种形式在包装上不体现身份码，但是实际每个有机码还是对应一个身份码，便于企业自行区分管理。

四、有机产品认证标识的订购、备案、发放与使用

（一）订购与审核

企业登录中绿华夏有机产品认证中心有机认证追溯与监管系统在线提交有机防伪标志订单，系统显示自动审核通过后，再由人工进行审核。

（二）获得身份码与有机码

企业把人工审核通过的订单导出盖章发送至COFCC，按照订单总价缴纳费用，COFCC在确认订单信息无误且汇款到账后向企业发放大规模流水线有机码或邮寄有机产品认证防伪追溯标签。

（三）有机产品认证标识信息的备案

认证机构将所发放的每个标识的有机码和认证标志使用等方面信息（包括企业基本信息、产品认证信息、加贴方式、包装规格、重量规格等），在向获证企业发放标志前传输至国家认监委有机标志备案管理系统。由于有机标志备案管理系统将与有机产品认证信息系统相关联，实现对有机标志发放数量和使用范围的校验，因此未通过系统校验的备案信息将无法传输到有机标志备案管理系统中。认证机构要确保有机标志备案管理系统与有机产品认证信息系统中相关信息、数量的真实性、准确性和一致性。

（四）有机产品认证防伪追溯标识（有机码）的发放

COFCC在收到获证企业订单货款后的15个工作日内，完成防伪追溯标识的备案、印制与发放，随同发放的还包括"有机产品认证防伪追溯标识订单"和"分码指南"。COFCC对于每枚防伪追溯标识配有身份码，身份码为连续数字的顺序码。发放的防伪追溯标识按身份码分配的先后顺序排列，获证企业在收到后拆分时应予以注意。

注意：获证企业在收到标签3日内须将防伪追溯标识体现在最小销售包装上的样本照片发送给COFCC备案，照片内容须详细清晰。

（五）有机产品认证防伪追溯标识的使用与管理

（1）获证企业应建立自己的标识管理台账，对标识的发放和使用数量、正

品和残次品使用、剩余、损耗等如实进行登记并存档,确保获证产品数量与防伪追溯认证标识使用量匹配。每季度结束后,下一个月10日前将管理台账扫描并发送至COFCC备案。

(2)获证企业应严格按照被分配的身份码段范围将有机产品认证追溯标识加施于相应的产品、商品及包装上,并仔细核对,避免出现和国家有机码备案管理系统标志查询不一致的情形。

(3)获证企业因不可抗拒力而导致领取的有机产品认证标识大批量损耗的,可由认证机构向国家认监委提供相关证据材料申请补发。

五、有机产品认证标识的查询

(1)消费者在有机标志备案管理系统中输入有机码进行查询,查询到的信息包括:①获证组织名称;②获证产品名称和商品名称;③认证证书编号;④认证证书有效期(显示认证证书有效期的同时,提示"本产品生产日期应在认证证书有效期内");⑤认证机构名称;⑥产品包装规格;⑦认证标志使用方式(加贴、印刷)。

(2)当消费者输入的有机码在系统内无信息数据时,系统显示"未查出数据"。

(3)监管部门在有机标志备案管理系统中输入标志编码进行查询,查询到的信息包括有机产品认证标志编码备案的信息,并可通过认证证书编号链接到有机产品认证信息系统,查询该产品认证证书相关信息。

第五节 有机产品销售证申请指南

本节为COFCC《有机产品销售证申请指南》内容,个别文字略有调整,该指南由COFCC制定并负责解释。

一、销售证申请者应具备的条件

(1)应为COFCC认证的获证组织。

(2)有机产品认证证书应在有效期内。

（3）截至申请之日未因任何原因被COFCC暂停有机产品认证证书。

（4）在过去的销售证申请和使用过程中，无违规记录。

二、申请程序

（1）申请者登录COFCC网站下载"销售证申请书"。

（2）申请者填写并打印完整的"销售证申请书"，法人代表签字并加盖公章。填写申请书前，须认真阅读申请书附带的注意事项。

（3）申请者将签字盖章的"销售证申请书"原件、买卖双方购销合同/协议复印件、发票复印件、发货凭证（适用时）一并扫描发送至COFCC。

（4）COFCC颁证部于5个工作日内完成申请材料审核，审核合格后，申请者交纳相关费用；审核不合格，通知申请者。

（5）颁证部制作销售证，寄发给申请者。

三、销售证的变更

已颁发的销售证存在批次号、数量与实际收货情况不符时，可以对销售证进行变更。

（1）申请者登录COFCC网站下载"销售证变更申请表"。

（2）申请者填写并打印完整的"销售证变更申请表"，法人代表签字并加盖公章。

（3）申请者将签字盖章的"销售证变更申请表"原件、实际收货的批次号/数量证明文件或变更后的合同/发票、变更前的销售证原件邮寄至COFCC。经审核、审批后对销售证进行变更。

（4）买方存在转让（申请者作为中间商已将产品销售给客户）、产品数量额度已使用过并已过交易日期的情况，不予变更。

（5）由于获证企业原因提出变更证书的情况，收取与原证书申请费相同的销售证变更费。

四、销售证的注销

已颁发的销售证，如产品未发生实际交易，可以申请注销销售证。

（1）申请者登录COFCC网站下载"销售证注销申请表"。

（2）申请者填写并打印完整的"销售证注销申请表"，法人代表签字并加盖公章。

（3）申请者将签字盖章的"销售证注销申请表"、购销双方的证明文件邮寄至COFCC。经审核、审批后对已颁发的销售证进行注销，并冲销已开具销售证的产品额度。

（4）注销销售证不退还原证书申请费。

五、申请费用

销售证的申请费用为300元/张。

六、销售证的基本格式

COFCC有机产品销售证的基本格式如图3-9所示。

有机产品销售证

ORGANIC PRODUCT TRANSACTION CERTIFICATE

编号（TC#）：COFCC-TC-×××-××××
证书编号（Certificate No.）：100OP××××××
认证类别（Category of Certification）：生产/加工/经营
获证组织（Name of Applicant）：××××××××
产品名称（Name of Product）：××××
产品描述（Description of Product）：××××
购买单位（Buyer）：××××××××××
数　　量（Quantity）：×吨/Ton
产品批号（Batch No.）：××××××
发　票　号（Invoice No.）：××××××
合　同　号（Contract No.）：××××××
交易日期（Date of Transaction）：××/××/××××（MM/DD/YYYY）
售出单位（Seller）：××××××××××
此证书仅对购买单位和获中国有机产品认证的产品交易有效。
This certificate is valid only for the specific transaction between the specific buyer and the certified seller for certified products in compliance with China Organic Product Standard.
发证日期（Date of Issue）：××/××/××××（MM/DD/YYYY）

中绿华夏有机产品认证中心
China Organic Food Certification Center
北京市海淀区学院南路59号　100081
NO.59 Xueyuan South Road, Beijing, China
www.ofcc.org.cn　010-59193739

图3-9　COFCC有机产品销售证的基本格式

第四章

COFCC 有机产品认证申请文件说明及范例

有机产品认证申请文件是认证委托人有机生产、加工、经营活动的直接证据,体现了其生产、加工活动与有机标准的符合性。依据《有机产品认证实施规则》的要求,认证委托人应至少提交四大类文件,即基本情况文件、资质证明文件、质量管理体系文件、记录性文件。各认证机构在具体实施中会对通用文件进行细化,本部分为中绿华夏有机产品认证中心(简称COFCC)对于认证申请文件的具体要求。

COFCC根据有机标准和实际生产情况将有机认证项目划分为七大类别:分别为植物生产和加工、野生采集和加工、食用菌栽培和加工、畜禽养殖和加工、水产养殖和加工、有机产品加工、有机产品经营。根据认证年度分为初次认证和再认证。认证委托人在准备材料前须先明确自己所属认证类别,以及申报年度为初次认证申请还是再认证申请,综合以上两点下载正确的资料清单并按照对应的资料清单、申请书、调查表准备相关材料。

以下通过植物生产和加工的新申报材料填写范例的形式,详细介绍COFCC对申请材料的具体要求。其中,文字材料中涉及申报组织隐私信息的,相关文字用符号"×"代替或用数字/字母占位;图片资料中涉及申报组织隐私信息的,采用模糊处理的方式予以遮盖。

第一节 植物生产有机认证申请文件范例

一、项目基本情况资料

(一)"有机产品认证申请书"(版本:8/2)填写范例

"有机产品认证申请书"填写范例与注意事项如下,表格中仿宋体文字为填写示例,示例非真实信息,仅供参考。

【申请书页面】

有机产品认证申请书　　　　版本：8/2①　　　COFCC-CX01-01/1

有机产品认证申请书

申请单位（盖章）②：　河北××有限责任公司

法人代表/负责人（签字）③：　赵××

申请日期：　2022　年　5　月　1　日④

中绿华夏有机产品认证中心

地址：北京市海淀区学院南路59号　邮编：100081

官网：www.ofcc.org.cn　E-mail：cofcc@126.com

发布日期：2021年7月19日　　　　　　　　　实施日期：2021年8月1日

【注意事项】

① 确认版本号须为8/2。

② 加盖公章，企业名称须与公章一致。

③ 手写签字或盖签字章。

④ 证书到期前3个月提交。

【申请书页面】

有机产品认证申请单位承诺书[①]

作为有机产品认证申请单位和生产者,我自愿向中绿华夏有机产品认证中心申请有机产品认证,并做出如下承诺:

我认真地学习了GB/T 19630—2019《有机产品 生产、加工、标识与管理体系要求》,完全了解该标准的要求。

我申请的项目完全按照GB/T 19630—2019《有机产品 生产、加工、标识与管理体系要求》的要求操作,所有生产过程都有详细记录,所提供资料的内容都是真实的。

我支持内部检查员的工作,保证不影响其工作的独立性。

我同意严格履行认证合同并及时支付认证的相关费用。

我完全清楚申请认证并不意味着获得认证。

我保证按照中绿华夏有机产品认证中心和其委派的检查员提出的合理整改要求改进工作。

我保证允许中绿华夏有机产品认证中心委派的检查员进入所有与认证相关的区域进行检查,并提供所有相关文件,包括财务记录。

我同意如果认证证书被暂停或撤销,将立即停止使用相应的认证证书和认证标志。

申请单位(盖章)[②]:

法定代表人/负责人(签字)[③]:

【注意事项】

① 须认真阅读承诺书内容,并签字盖章确认。

② 加盖企业公章。

③ 手写签字或盖签字章。

【申请书页面】

1 申请单位基本情况

申请单位中文名称①		河北××有限责任公司			
申请单位英文名称		/			
统一社会信用代码		125001122334455666G			
经济类型	股份制	企业类型		种植业	
注册办公地址		河北省××市××县××镇××村			
邮政编码	050000	电话	0311-654321	传真	0311-654321
电子信箱	123456@163.com	网址		/	
法定代表人姓名	赵××	职务	电话号码②	手机号码②	
		总经理	0311-654321	12345678999	
有机负责人姓名	王××	职务	电话号码②	手机号码②	
		经理	0311-654321	12345678990	
证书、合同、发票邮寄地址②		河北省××市××县××镇××村			
邮政编码	050000	联系人②	王××	电话②	0311-654321
注册资本(万元)	100	员工人数	10人	技术人员	3人

注:1."经济类型"指"国有""股份制"或"私营"等。
　　2."企业类型"指"种植业""养殖业""水产业"或"加工业"。

2 申请认证产品基本情况

2.1 生产

序号	产品名称③	产品描述④	规模(亩/尾/头/只)⑤	申请产量(吨)⑥	预计年产值(万元)(总产量×市场价格)
1	小麦	××小麦	400亩	136	55
2	玉米	××玉米	400亩	160	80
	合计		800亩	296	
认证基地总面积(亩)⑦			800		

【注意事项】

① 申请单位中文名称、英文名称、统一社会信用代码、经济类型须与营业执照保持一致。
② 涉及后期联系及重要文件邮寄,须准确填写邮寄地址、联系人、电话号码、手机号码。
③ 产品名称须与《有机产品认证目录》(认监委2022年第16号公告)中相应的产品名称保持一致;每种作物分开填写。
④ 同产品销售包装上使用的商品描述一致。
⑤ 每种作物的实际种植面积。
⑥ 与"有机产品认证调查表(植物生产)"第三部分"2 收获后处理投入产出统计"中成品量保持一致。
⑦ 基地的总面积,指实际开展有机生产的面积,包括申请认证的产品面积以及轮作地块的面积,不包含道路、房屋、林带等非生产面积。

第四章
COFCC 有机产品认证申请文件说明及范例

【申请书页面】

2.2 加工（含经营）

序号	产品名称①	产品描述②	申请产量（吨）③	预计年产值（万元）（总产量 × 市场价格）
1	通用小麦粉	A 小麦粉	70	56
2	通用小麦粉	B 小麦粉	21	17
合计			91	
加工厂面积（亩）			8	

注：1. 产品名称须与国家认监委公布的《有机产品认证目录》中相应的产品名称保持一致，产品描述指产品的商品名称，如使用他人商标应在产品描述中注明。
2. 如产品较多，请另附表格。

3　认证费用减免申请④　☑ 不涉及

我们符合并申请以下类型认证费用减免：
☐国家扶贫开发工作重点县所属的认证企业（请附国家扶贫开发工作重点县证明）⑤。
☐持续认证满　☐5　☐10年　☐15年　☐20年及以上（转机构企业请附历年有机认证证书）。
☐发生特别重大、重大或较大级别的自然灾害地区的认证企业（请附受灾情况说明、当地农业行政主管部门出具的证明材料以及省级绿色食品办公室的书面确认材料）。
☐同一认证企业申报的两个及两个以上不同认证项目。
注：认证费用减免结果将在《受理通知书》中予以体现，不符合的不再另行通知。

【注意事项】

①产品名称须与《有机产品认证目录》（认监委 2022 年第 16 号公告）中相应的产品名称保持一致；每种产品分开填写。

②产品描述同产品销售最小包装上使用的商品描述一致。使用他人商标，需分开描述其商标产量。

③与"有机产品认证查表（有机产品加工）"第二部分"2　有机产品加工配料及出成率汇总表"中成品量保持一致。

④如申请减免在此勾选并附相应证明材料。认证受理后不再接受费用减免申请（认证受理后遭受所列级别自然灾害的情况除外）。

⑤2020 年 11 月，我国国家级贫困县全部脱贫摘帽后，COFCC 相关文件条款尚未相应变更。

【申请书页面】

4　转换期缩短申请[①]　　☑不涉及

> 我们符合并申请以下缩短转换期类型。
> □新开垦的地块（请附当地县级以上人民政府出具的批准文件）。
> □撂荒36个月以上的地块（请附：①当地县级以上农业行政主管部门出具的证明材料原件；②当地乡级以上人民政府部门出具的证明材料原件；③土地耕作前检查员现场确认材料或现场检查时搜集的相关证据材料）。
> 注：转换期缩短结果将在《颁证决定》中予以体现，不符合的不再另行通知。

5　转认证机构情况调查[②]　　☑不涉及

> 5.1　过去5年内是否被撤销过认证证书？□否　□是，撤销原因为＿＿＿＿＿＿＿＿＿＿＿
> 5.2　过去5年内是否出现过产品质量安全重大事故？□否　□是，请具体描＿＿＿＿＿＿
> 5.3　是否因原认证机构不予通过再认证而转换认证机构？□否　□是，请具体描述＿＿＿＿＿
> ＿＿＿＿＿＿＿＿＿＿＿＿＿＿＿＿＿＿＿＿＿＿＿＿＿＿＿＿＿＿＿＿

6　严重失信情况调查[③]

> 申请单位是否被列入国家企业信用信息公示系统严重失信主体名录？☑否　□是

7　请申请单位按照《有机产品认证文件资料清单》提供相关材料。

【注意事项】

　　① 如申请应在第一次申报时提出，再认证时不予受理。转换期缩短与否由颁证委员会及专家讨论后决定。
　　② 据实填写即可，如未被其他机构认证，勾选不涉及。
　　③ 可登录 http://www.gsxt.gov.cn/index.html 查询，并准确填写。

第四章 COFCC有机产品认证申请文件说明及范例

（二）"有机产品认证调查表"（版本：8/2）填写范例

"有机产品认证调查表"填写范例与注意事项如下，表中仿宋体文字为填写示例，示例非真实信息，仅供参考。

【调查表页面】

有机产品认证调查表
（植物生产）

申请单位（盖章）①：<u>河北××有限责任公司</u>
法人代表/负责人（签字）②：<u>赵××</u>
申请日期：<u>　2022　</u>年<u>　5　</u>月<u>　1　</u>日③

中绿华夏有机产品认证中心
地址：北京市海淀区学院南路59号　邮编：100081
官网：www.ofcc.org.cn　E-mail：cofcc@126.com

【注意事项】

① 加盖公章，企业名称须与公章一致。
② 手写签字或盖签字章。
③ 与申请书时间一致。

【调查表页面】

注意事项

本表仅适用于植物收获及其简单处理产品。对于收获后需进行加工的产品(以SC证[①]为准),应同时填写"加工"类别《有机产品认证调查表》。

本表无法人代表(负责人、内检员)签字和单位盖章均视为无效。

本表涂改后无确认章(或签字)无效。

本表应打印或用钢笔、签字笔填写,字迹工整、清晰。如无某项目内容时应画斜线表示,若因故无法填写时,应注明原因。

填报数据一律用阿拉伯数字,文字说明一律用汉字。

第一部分 基本情况

1 生产单元名称与地址

生产单元(基地)名称	河北××有限责任公司基地[②]		
生产单元(基地)地址	河北省××庄市××县××镇××村、××村、××村[③]		
收获后处理场所地址	河北省××县××镇××村[④]		
生产负责人	赵××	电话/手机	12345678999

【注意事项】

① 申报产品为加工品且具有食品生产许可证(SC证),须同时提交加工相关文件。

② 此部分填写基地名称,如无特殊名称,可填写为×××公司基地。

③ 按行政区划精确到建制村。如涉及多个生产单元应分开填写全部单元名称与地址。须同土地使用证明文件一致。

④ 须填写收获后处理的具体位置。

【调查表页面】

2	生产组织模式与生产类型
2.1	生产组织模式：□公司　□合作社　☑公司+农户①或合作社+农户　□其他，请描述＿＿ 如实际生产涉及农户，请填写农户数②：50户
2.2	生产类型：☑大田种植　□设施栽培　□大田种植+设施栽培

3　生产单元（基地）生态环境

海拔高度（米）	105
年降水量（毫米/年）	800
无霜期（天/年）	215
年平均气温（℃）	15

4　有机产品认证历史③

此前是否通过其他认证机构的有机认证？如是，哪家认证机构？证书有效期？④	是，×××认证中心，证书有效期为2020年12月10日至2021年12月9日
对于目前在证书有效期内的项目，原认证机构是否开具不符合项？如是，请描述不符合项及企业的整改措施⑤	否
此前是否被拒绝通过有机认证或被撤销过认证证书？哪家认证机构？被拒绝或撤销认证的原因是什么？⑥	否
其他补充说明的重要问题⑦	

【注意事项】

　　① 公司+农户模式是指土地使用权隶属于农户，未与公司进行流转承包，公司与农户签订种植、收购协议的组织模式。

　　② 如实填写全部农户数。

　　③ 再认证项目中，COFCC上一年度的综合审核意见无不符合项，不用填写。

　　④ 如是，须准确填写证书有效期。

　　⑤ 如是，要详述不符合项内容及对应的整改措施。

　　⑥ 如涉及被撤销的情况，须详述撤销原因。

　　⑦ 如涉及其他补充说明的重要问题，请详细描述。

【调查表页面】

第二部分　植物生产管理

1　转换期

1.1　生产单元（基地）是否为新开垦土地或长期撂荒土地？① ☑是　□否
如是，请提供相应的县级或县级以上主管部门出具的证明文件，并说明撂荒开始的时间：__2013__ 年 __5__ 月
1.2　本生产单元（基地）何时开始有机产品生产？② __2019__ 年 __4__ 月

2　缓冲带

2.1　有机生产区域附近有无以下污染源？□城区　□工矿区　□交通主干线　□工业污染源　□生活垃圾场
如有，有机生产区域与以上污染区域的距离：_____米；有机生产区域处在以上区域的方位：☑上风向　□下风向
2.2　邻近常规生产区域是否可能对有机生产区域造成污染风险？□是　☑否
如是，有机生产区域与常规生产区域之间的缓冲带或物理屏障类型：□林带　□道路　□灌木　□野生植物　□农田　□河流　□草地　□其他_____
缓冲带或物理屏障的高度或宽度：50米

【注意事项】
① 如是，须有县级及以上主管部门出具的证撂荒明；种植之前须由检查员进行现场确认。
② 开始以有机方式生产和管理的时间。

【调查表页面】

3 生产单元内其他情况

3.1 除申报产品外，同一生产单元内是否还有其他按有机方式生产但不申请认证的植物产品？
☑是 □否
如是，请填写作物名称及面积①：大豆30亩

3.2 除申报产品外，同一生产单元内是否还有非有机方式种植的作物？□是 ☑否
如是，填写这些作物的名称及面积：_____

3.3 申请作物是否为多年生作物且存在平行生产？□是 ☑否
如是，请详细描述有机转换计划②：_____

4 种子和植物繁殖材料 □不涉及（当生产单元内不使用时）

作物名称③	种子/种苗来源		种子/种苗属性		种子/种苗用量④（千克/亩或株/亩）	播种/定植时间	是否为转基因种子、包衣种子或使用化学农药浸种⑤
	自留	外购	有机	常规（非有机）⑥			
小麦		√		√	0.01千克/亩	2022年4月10日	否
玉米		√		√	0.02千克/亩	2022年5月10日	否

【注意事项】

① 如轮作、间作作物等，须填写所有种植但不申请认证的作物名称及定植面积。所有相关作物均应按有机方式生产，须提供种植操作规程及农事记录等证据材料。

② 如涉及，须在5年内完成有机转换。即前两年可按有机方式管理但不申请有机认证，但至少要在第三年提出有机产品认证申请。

③ 本年度有机生产单元内所有作物，包括轮作、间作作物。

④ 根据实际情况如实填写。

⑤ 播种前须对种子的包衣及转基因情况进行评估。

⑥ 如外购常规种子，须制订获取有机种子的计划。

【调查表页面】

5 过去三年土地及种子、种苗管理情况 □不涉及

年度	地块编号①	作物名称	种子/种苗来源 自留种	种子/种苗来源 外购	种子/种苗属性 有机	种子/种苗属性 常规（非有机）	种子/种苗用量	播种/定植时间	是否为转基因种子、包衣种子或使用化学农药浸种
2019	1	小麦		√		√	0.01千克/亩	2019年4月10日	否
	2	玉米		√		√	0.02千克/亩	2019年5月10日	否
2020	1	玉米		√		√	0.02千克/亩	2020年5月10日	否
	2	小麦		√		√	0.01千克/亩	2020年4月10日	否
2021	1	小麦		√		√	0.01千克/亩	2021年4月10日	否
	2	玉米		√		√	0.02千克/亩	2021年5月10日	否

6 土肥管理

6.1 生产单元采取何种措施维持和提高土壤肥力②？☑秸秆还田　□绿肥作物翻埋　☑深翻　☑少耕/免耕　□休闲撂荒　□其他＿＿＿＿＿

【注意事项】

① 分地块填写。
② 根据实际情况勾选。

【调查表页面】

6.2 本年度施用或计划使用的肥料[①]

作物名称	肥料名称	原料组成	肥料来源（外购/自制）	施用或计划施用的数量（吨）	施肥时间
玉米	腐熟粪肥	牛粪80%、秸秆20%	自制	600	5月
小麦	腐熟粪肥	牛粪80%、秸秆20%	自制	800	4月

7 过去三年土地培肥管理情况[②]

年度	作物名称	肥料名称	原料组成	肥料来源（外购/自制）	施用量（吨）	施用时间
2019	小麦	腐熟粪肥	牛粪80%、秸秆20%	自制	786	4月
2019	玉米	腐熟粪肥	牛粪80%、秸秆20%	自制	557	5月
2020	玉米	腐熟粪肥	牛粪80%、秸秆20%	自制	564	5月
2020	小麦	腐熟粪肥	牛粪80%、秸秆20%	自制	803	4月
2021	小麦	腐熟粪肥	牛粪80%、秸秆20%	自制	789	4月
2021	玉米	腐熟粪肥	牛粪80%、秸秆20%	自制	556	5月

8 本年度病虫草害防治

8.1 病害防治

8.1.1 请选择采取的防治措施[③]：☑抗病品种 ☑培育壮苗 ☑适时耕种 ☑耕翻晒垡 ☑清洁田园 □休闲撂荒 □控制种植密度 □将病株带出农场 □其他（请说明）_____

【注意事项】

① 按照作物种类逐列填写肥料使用信息。如无，则须在肥料名称处，详述不使用肥料的具体原因。

② 根据过去3年的实际情况，按作物如实填写。

③ 根据实际情况勾选。

【调查表页面】

8.1.2 列出有机生产中常见的病害及计划使用的投入品					
作物名称①	病害名称②	使用投入品名称（包括生物农药、套袋等）③	有效成分	用量	防治时间
小麦	赤霉病、条锈病	波尔多液	硫酸铜、生石灰	××千克	×月×日
玉米	玉米锈病	无，基地昼夜温差大，病害发生轻微，无须进行防治			

8.1.3 若使用铜盐作为病害防治物质，请列出单位面积年使用总量（以铜计）：□>6千克/（公顷·年） ☑≤6千克/（公顷·年）③

8.2 虫害防治

8.2.1 请选择采取的防治措施：☑抗虫品种 □非化学药剂种子处理 ☑培育壮苗 □适时耕种 □危害植株带出农场 □虫害监测 □人工捕捉 □诱捕作物 □物理屏障 □物理清除 □其他（请说明）：_____

8.2.2 列出有机生产中常见的虫害及计划使用的投入品

作物名称④	虫害名称④	使用投入品名称（包括生物农药、黄板等）⑤	有效成分	用量	防治时间
小麦	小麦蚜虫	苦参碱	苦参碱	××千克	×月×日
玉米	玉米螟	无，基地昼夜温差大，虫害发生轻微，无须进行防治			

8.3 草害防治

8.3.1 请列出生产单元中的主要草害及发生季节：<u>苍耳、藜、蓳草、马齿苋等，多发于夏季</u>

8.3.2 请选择采取的防治措施：□加强栽培管理 □适时耕种 ☑中耕除草 ☑人工除草 □除草机 □作物秸秆覆盖 □灌水除草 □其他（请说明）_____

【注意事项】

① 作物名称、病害名称为必填项，根据申请作物种类及生产区域气候特点等因素如实填写发生病害的情况。

② 使用的物质应符合有机产品国家标准的要求。如未使用，须说明原因。

③ 如使用波尔多液、硫酸铜、氯氧化铜等铜盐制剂，此项必填。

④ 作物名称、虫害名称为必填项，根据申请作物种类及生产区域气候特点等因素如实填写发生虫害的情况。

⑤ 使用的物质应符合有机产品国家标准的要求。如未使用，须说明原因。

【调查表页面】

9　过去三年病虫草害防治情况

年度	作物	病虫害管理情况①				杂草管理	
		病虫害名称	使用投入品名称	使用量	使用时间	杂草名称	防除方法
2019	小麦	赤霉病	波尔多液	××千克	×月×日	莲草、马齿苋	中耕、人工除草
	玉米					莲草、马齿苋	中耕、人工除草
2020	玉米					莲草、马齿苋	中耕、人工除草
	小麦	条锈病	波尔多液	××千克	×月×日	莲草、马齿苋	中耕、人工除草
2021	小麦	条锈病	波尔多液	××千克	×月×日	莲草、马齿苋	中耕、人工除草
	玉米					莲草、马齿苋	中耕、人工除草

10　栽培管理措施

10.1　是否采用作物轮作、间作套作等栽培方式？□否　☑是　如是，请描述轮作植物名称：<u>小麦、玉米相互轮作</u>；间套作植物名称：_____

10.2　是否存在冬季休耕？②　☑是　□否

10.3　是否进行灌溉？
　　　□否　完全依靠天然降雨
　　　☑是　灌溉水来源③：□地下水　□河流　□市政供水　☑其他<u>水库水</u>
　　　采用何种方式：☑漫灌　□滴灌　□喷灌　□渗灌　□其他_____

【注意事项】

① 作物名称、病虫害名称为必填项，根据申请作物种类及当地区域气候特点等因素如实填写即可。

② 如冬季不休耕，则一年生作物须保证3种或以上作物轮作，一年种植多季水稻的要保证2种作物轮作。

③ 需准确填写灌溉水来源，并提供灌溉水检测报告，灌溉水应符合GB 5084《农田灌溉水质标准》要求。

【调查表页面】

11　本年度种植及收获统计表[①]

基地名称	地块编号	面积（亩）	上一季作物		当季作物				下一季计划种植的作物[④]
			作物	生长周期[②]	作物[③]	生长周期[②]	亩产[④]（千克/亩）	预计收获量[⑤]（吨）	
河北××有限责任公司基地	1	400	小麦	2021年4—8月	玉米	2022年5—10月	500	200	小麦
河北××有限责任公司基地	2	400	玉米	2021年5—10月	小麦	2022年4—8月	400	160	玉米
基地面积合计（亩）					800				

注：1. 不同品种、不同位置的作物应分别编号，不能合并在同一地块中。
　　2. 生长周期应填写具体时间（如5月×日—9月×日）。

【注意事项】

　　① 分别填写所有地块、所有作物的种植情况。
　　② 一年生作物必填。
　　③ 当季种植的作物情况。
　　④ 合情合理，考虑作物特性及当地实际生产情况，不可虚报。
　　⑤ 预计收获量 = 亩产 × 面积，准确计算。

【调查表页面】

12　过去三年种植及收获统计表[①]

年度	地块编号	面积（亩）	作物	收获时间	亩产（千克/亩）	收获量（吨）
2019	1	400	小麦	8月	400	160
2019	2	400	玉米	10月	500	200
2020	1	400	玉米	10月	500	200
2020	2	400	小麦	8月	400	160
2021	1	400	小麦	8月	400	160
2021	2	400	玉米	10月	500	200

13　污染控制措施

13.1　常规农田的水是否能渗透或漫入有机地块？□是　☑否　□不涉及

13.2　外部来源的肥料是否会造成禁用物质对有机生产的污染？□是　☑否　□不涉及

13.3　常规农业系统的设备在用于有机生产前是否进行清洁？☑是　□否　□不涉及

13.4　是否使用保护性建筑覆盖物、塑料薄膜、防虫网等？☑是　□否
　　　如是，请选择使用物材质：☑聚乙烯　□聚丙烯　□聚碳酸酯　□聚氯类[②]　□其他_____

13.5　上述物质保护性覆盖物等使用完后，是否从土壤中清除？☑是　□否
　　　如是，选择措施方法：□焚烧　☑收拾集中处理　□其他，请描述_____

14　水土保持和生物多样性保护措施

14.1　使用了哪些保护措施防止水土流失、土壤沙化和盐碱化？□梯田　☑等高耕作　□条耕
□冬季覆盖作物　☑少耕/免耕　□永久性排灌水渠　□防火带　□林带　□其他（请说明）_____

14.2　是否采取措施保护天敌及其栖息地？☑是[③]　□否

14.3　作物收获后如何处理作物秸秆？☑秸秆还田　□运出田块　□焚烧　□其他_____；
如焚烧，请说明理由：_____

【注意事项】

① 根据实际情况进行填写。

② 注意：不可使用聚氯类产品。

③ 须采取措施保护天敌及其栖息地。

【调查表页面】

第三部分　收获后处理

此部分仅适用于植物收获及其简单处理。对于收获后须进行加工的产品（以SC证为准），应同时填写《有机产品认证调查表（有机产品加工）》。

1　分选清洗及其他收获后处理

1.1	收获方式：☑机械　□人工
1.2	收获后处理方式：□无须进行处理　□清洁　□分拣　□脱粒　□脱壳　□切割　□保鲜　☑干燥　□其他，请描述＿＿＿＿＿＿＿
1.3	用于处理有机植物的设备是否也被用于处理非有机植物？☑是　□否
1.4	是否对设备器具进行清洁或消毒？☑是①　□否 如是，请列出清洁或消毒剂的名称：清水
1.5	收获后处理场所有害生物防治措施：☑杀虫灯　☑防虫网　☑粘鼠板　☑捕鼠笼　☑挡鼠板　□温湿度控制　□中草药　□其他＿＿＿＿＿＿＿ 是否使用熏蒸剂：☑否　□是 如是，熏蒸剂名称＿＿＿＿＿＿＿

2　收获后处理投入产出统计

产品名称	原料名称	预计收获量②（吨）	出成率③（%）	产量（吨）
小麦	小麦	160	85	136
玉米	玉米	200	80	160

3　包装、贮藏和运输

3.1　包装

产品是否包装？☑是　□否 如是，请说明包装材料④：塑料编织袋

包装物或容器是否接触过禁用物质？□是　☑否　如是，请描述物质名称：＿＿＿＿＿

包装过程中是否使用填充物质？□是　☑否　如是，请描述物质名称：＿＿＿＿＿

3.2　产品储藏　□不涉及

仓库名称	仓库属性		储藏能力（吨）
	自有仓库	外租仓库	
××仓库	√		500吨

3.3 仓库有害生物控制措施：□杀虫灯　☑防虫网　☑粘鼠板　☑捕鼠笼　☑挡鼠板　□温湿度控制　□中草药　□其他＿＿＿＿＿＿＿

是否使用熏蒸剂⑤：☑否　□是　如是，具体名称＿＿＿＿＿＿＿

【注意事项】

① 如是，需详述清洁剂、消毒剂名称和成分。

② 预计收获量＝本调查表第二部分"11　本年度种植及收获统计表"中预计收获量。

③ 收获后经处理的出成率，如实填写。

④ 须使用食品级材质。

⑤ 如是，须详述熏蒸剂成分。

【调查表页面】

3.4 产品运输是否有专用运输工具？① □是 ☑否 □不涉及
如否，请描述清洁措施：<u>使用前用清水进行彻底的清洗</u>

4 二次分装、分割

4.1 认证产品是否存在二次分装或分割？② ☑否 □是
如是，二次分装或分割场所地址：_____
4.2 二次分装或分割过程中的设备是否同时用于处理非有机产品？③ ☑否 □是
如是，填写清洁或隔离措施：_____

第四部分 标识与销售

1 标识 □不涉及

1.1 是否计划在获证产品或者产品的最小销售包装上加施有机认证标志、有机码？④ □否 ☑是
如是，请选择加施的方式：☑购买使用有机产品防伪标签 □申请自行印制
1.2 是否在申请认证的场所外加贴有机码？ ☑否 □是
如是，加贴有机码场所地址：_____
1.3 商标
1.3.1 申报产品的产品描述是否包含自有商标信息？⑤ □否 ☑是，请填写自有商标名称：<u>A</u>
1.3.2 申报产品的包装上是否使用他人商标？⑥ ☑否 □是，请填写他人商标名称：_____

2 销售 □不涉及

在产品销售时采取何种措施保证有机产品的完整性和可追溯性？ ☑避免将有机产品与非有机产品混合 ☑避免将有机产品与禁用物质接触 ☑建立有机产品的购买、运输、储存、出入库和销售等记录 □其他（请说明）_____

【注意事项】

① 如否，须详述清洁措施。
② 如是，须详述分装/分割地址，至少描述至村级。
③ 如是，详述隔离措施。
④ 宣传并销售有机产品，须购买有机标识。
⑤ 如是，需详述商标名称，并对照资料清单准备相关文件。
⑥ 如是，提供他人商标的名称，并对照资料清单准备相关文件。

【调查表页面】

第五部分　管理体系

1　文件控制[①]

1.1	提交的质量管理体系文件是否为最新有效版本？	☑是	□否
1.2	是否能确保在使用时可获得适用文件的有效版本？	☑是	□否
1.3	是否保存了有效的有机生产记录？	☑是	□否

2　资源管理[②]

姓名	职务	是否了解或熟悉国家有机标准要求	任职年限
赵××	生产管理者	□不了解　□了解　☑熟悉　□掌握	5年
王××	内部检查员	□不了解　□了解　☑熟悉　□掌握	3年

声　明

　　我在此声明，在我个人的经历、知识和能力范围内，本调查表中所填写并反映的所有生产、加工和经营的情况都是真实的、准确的。我在此认同，后续必要的现场检查（包括抽样检测，查验原始记录及票据）是为了验证符合有机产品标准的需要。同时我也知道，即使本调查内容经审查得到通过，并不意味着申报产品通过了有机产品认证。

　　　　负责人（签字）[③]：_____；内检员（签字）[④]：_____

【注意事项】

　　① 须保证质量管理体系均为有效版本，有效保存了记录。
　　② 管理者须至少达到了解有机标准的水平；内部检查员要相对独立于管理者，具备独立开展内部检查的能力和条件。
　　③ 负责人手写签字。
　　④ 内检员手写签字，确认内容的真实有效。

二、资质证明文件

（一）营业执照副本复印件

（1）须提供三证合一的营业执照复印件。

（2）营业执照需在有效期内。

（3）经营范围须包含认证产品，包含种植、加工或经营资质。

（二）土地使用权证明文件

土地使用权大致分为3种情况：自有土地、土地承包或流转、公司/合作社+农户组织。首先需确认土地的使用权属和方式，提供对应的证明文件即可。

1. 自有土地

自有土地的，提供土地使用证（图4-1）。

（1）土地使用证上的地址须包含申请认证的基地地址。

（2）土地使用证面积不得小于申报面积。

（3）土地使用证在有效期内。

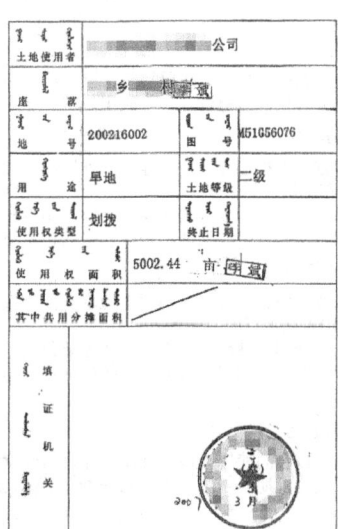

图4-1　土地使用证示例

2. 土地承租或流转

土地承租或流转的，提供土地承租或流转合同（合同中应体现范围、面积、详细地址、合同有效期限等），土地出租方或流转方的土地使用权文件。多层转包的须提供多层转包合同，溯源至原始土地使用权出租方。

例如，甲承租乙—乙承租丙—丙拥有土地使用权的情况下，须提供：甲与乙的土地承租合同，乙与丙的土地承租合同，丙的土地使用权文件。

土地承租合同应对承包租赁土地的范围、面积、地址、期限、租金均作出描述和明确规定，末页应有双方的签字盖章。土地承租合同示例如图4-2所示。

茶园承租合同

甲方：长沙市××区××镇××村村民委员会
乙方：长沙××茶业有限公司

为推动新农村建设，打造当地环境，充分利用村集体本地资源，经村民代表会议讨论通过，同意将本村位于××片区的荒废茶山租赁给长沙××茶业有限公司生产经营，经双方共同协商，达成如下协议。

一、乙方租赁对象的位置、面积
位置：××村××片区。面积：约400亩。

二、承包期限及起止日期
承包期限10年，自2016年7月1日起至2026年6月30日止。

三、承包用途
（1）乙方租赁茶山只能用于茶叶生产经营。
（2）乙方必须保护好现有资源，不断改良品种，规划整理，不得改变土地用途，否则，甲方有权立即终止合同，并要求乙方赔偿损失。

四、承包费及其缴纳
（1）鉴于茶山已荒废多年，且发展良种茶园能为当地美化环境、带动就业，租金以让利企业的方式约定为第一年免租金，第二年租金按80元/亩计算，从第三年起至第十年，租金逐年递增5%。
（2）2017年7月15日前，乙方缴纳3.2万元（大写：叁万贰仟元整）第二年租金给甲方，其后以此类推。

五、甲方的权利
（1）甲方有权监督乙方按照租赁合同使用土地。
（2）甲方有权按照租赁合同收取租赁费。

六、甲方义务
（1）甲方有维护乙方承包土地治安秩序的义务，教育村民维护乙方承包土地生产秩序和治安秩序，确保乙方正常生产和生活。
（2）甲方应保证乙方进出畅通，无偿使用本村道路。
（3）承包期间，甲方保证乙方水、电的正常使用。

七、乙方权利
（1）租赁期内，乙方对所租赁土地享有使用权、自主经营权，在租赁范围内有权根据需要建造相应的设施，拥有地上附着物的所有权。
（2）承包合同期满后，乙方享有优先承包权。
（3）租赁期内，如遇国家或地方政府征用土地，因此所产生的土地所有权赔偿归甲方所有，地上附着物赔偿归乙方所有。

八、乙方义务
（1）乙方按合同使用土地，开发、建设与经营活动不得与国家现行的法规相违背。
（2）开发建设期间需用劳工，同等条件下优先雇佣甲方村民。

九、其他
本合同自双方签字盖章后生效，本合同一式贰份，甲乙双方各执一份。

甲方盖章：　　　　　　　　　　　乙方盖章：

代表签字：　　　　　　　　　　　代表签字：

签订日期：2016年6月30日　　　　签订日期：2016年6月30日

图4-2　土地承租合同示例

3. 公司/合作社+农户组织模式

公司/合作社+农户组织模式（土地的使用权隶属农户，未进行土地流转的情况），应提供以下文件：①申请单位与农户签订的有机种植合同；②各农户的土地使用权文件；③农户清单；④农户管理制度。

（1）有机种植合同中，应体现范围、面积、详细地址、合同有效期（不少于3年）及有机生产的相关要求，生产资料须统一购买、发放，包括种子、肥料、植保物质、地膜、黄板等投入品。有机种植合同示例见图4-3。

××板栗专业合作社与××县××镇××村建立有机板栗种植基地合作协议

NO：2022 001号

甲方：××板栗专业合作社

乙方：××县××镇××村村民 高翠枝

身份证号：×××××××××××（注：协议后面附身份复印件）

根据国家政策规划，将农业产业化龙头企业与农户进行对接，利用企业资源帮助农户增收，实现现代化有机农业种植，将板栗的品牌推向全国。经甲乙双方充分沟通，就在乙方所在地建立有机板栗种植合作基地达成以下协议，具体合作方式如下。

一、关于收购乙方农户所产板栗

（1）乙方的板栗种植面积为15亩，预计年产量5 100千克，甲方建立农户档案，甲方按照当年的市场价格全部收购，并给农户统一的收购票据。

（2）农户严格执行有机板栗基地种植操作手册的管理要求；按板栗品种进行严格区分；禁止使用化肥和农药；仅限自家产品上交甲方公司，如发现掺假即撤销农户档案，取消合作。

二、实现农户增收

为了防止恶意收购，甲方实行前期按市场价格收购，后期给予价格补贴，实现农户增收，采取如下管理方式。

（1）建立农户档案后，农户有统一编号（即身份证号），收购板栗时在收购票据上注明身份证号，以及板栗的品质、等级，并由甲方汇总记录，收购结束后与农户及村民委员会进行核对确认。

（2）根据当时的收购数量、等级，甲方给予农户现金补贴（每千克0.4～1.0元）。

（3）推广标准化、现代化、有机化的农业技术，按照甲方的要求种植、采摘、施肥（有机肥），达到有机标准的农户（土壤检测、果实检测合格），甲方公司根据板栗品质、等级每千克补贴1.0～2.0元。

（4）如果发现乙方掺假，甲方取消合作并停止一切奖励与补贴。

三、甲方投入

（1）与北京农学院合作，由农学院专家根据本村土壤等情况制订改良计划，尽快实现有机板栗的认证。

（2）基础设施的投入：根据具体地理条件制定方案，增加板栗产量，提高品质，实现乙方增产增收。

四、合作期限及其他约定

（1）合作期限：30年，即2022年1月1日至2051年12月31日。

（2）合作期限内，因甲方对种植基地投入大量资金，乙方在合作期间承诺不再与其他公司签订关于板栗合作的协议，如乙方违约，赔偿甲方全部已投入的资金。

（3）本协议一式三份，甲方二份，乙方一份。

甲方：××板栗专业合作社　　　乙方：××县××镇××村

（盖章）　　　　　　　　　　　村民：高翠枝
　　　　　　　　　　　　　　　　　　（签字摁手印）

2022 年 1 月 1 日　　　　　　2021 年 1 月 1 日

图 4-3　有机种植合同示例

（2）农户清单应至少包含农户姓名、身份证号、地块编号、种植品种、面积等关键信息。对照农户清单，按顺序提供所有农户的土地使用证。农户清单示例如图4-4所示。

××公司农户清单

编号	姓名	身份证号	地块编号	种植品种	面积	备注
1	甲	123456200101011234	1	小麦	200亩	
2	乙	123456200101011235	2	小麦	200亩	
3	丙	123456200101011236	3	玉米	400亩	
总计	3户				800亩	

图4-4 农户清单示例

（3）制定农户管理制度要求：①应体现有机生产的相关要求；②应包含种子、肥料、植保物质、收获后处理等关键生产环节的统一管理；③应体现有效的农户管理措施，例如准入、退出机制。

（三）本年度产地环境质量监（检）测报告

1. 土壤、农田灌溉水检测报告

土壤、农田灌溉水（如涉及灌溉）须提供检测报告。

土壤环境质量检测依据为GB 15618—2018《土壤环境质量标准》，土壤指标应符合GB 15618—2018表1中风险筛选值基本项目要求，且检测委托方应为申请单位。

农田灌溉水检测依据为GB 5084—2021《农田灌溉水标准》，灌溉水指标应符合GB 5084—2021表1中基本控制项目要求，且检测委托方应为申请单位。基地水源依靠天然降雨且不存在其他灌溉水源的，可不检测。

检测报告示例如图4-5所示。所提供的检测报告须注意：①检测机构至少需具有中国计量认证（CMA）资质且资质在有效期内，检测报告带有CMA印章；②委托单位需为认证委托人；③如描述面积，不得小于申请认证基地的面积；④如描述地址，须包括申请基地地块的所有地址，可覆盖整个认证基地。

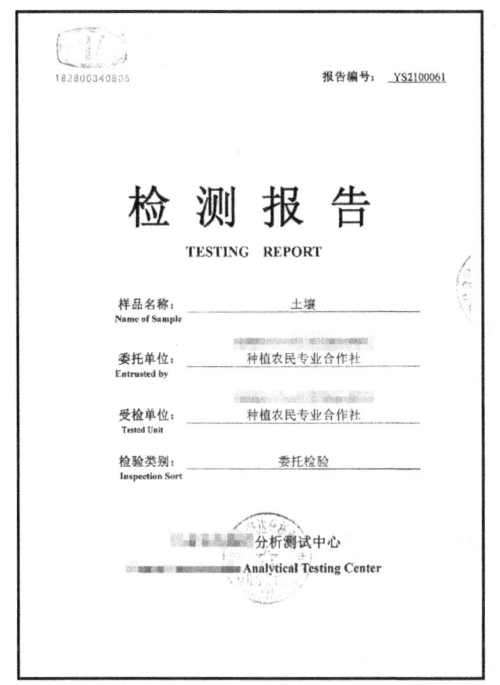

图 4-5 检测报告示例

2. 环境空气质量证明

环境空气质量证明可提供以下3类文件中的任意一类。

（1）当地县级或以上生态环境部门出具的空气质量证明。推荐采用此种方式。其文本示例如图4-6所示。

证　明

×××公司有机××生产基地，位于××县××镇××村，远离城市、居民住宅区、公共场所和交通干道，没有工业"三废"以及农业、生活、医疗废弃物等产生的有害气体、灰尘及大气污染源，空气质量优良，符合GB 3095《环境空气质量标准》中的二级标准。

××县生态环境局

2021年5月12日

图 4-6 空气质量证明示例

（2）最近一个年度当地生态环境部门发布的符合GB 3095—2012《环境空气质量标准》中二级标准的空气质量公报或年度空气质量指数（AQI）公报。

（3）空气质量检测报告，需符合GB 3095—2012表1中常规指标检测要求，且检测委托方应为申请单位。

（四）商标相关证明文件

如产品包装涉及商标使用时，须提供商标相关证明文件。商标使用分为以下两种情况，须先明确属于哪一类，提供对应的相关文件即可。

（1）使用他人商标，须提供商标授权使用许可合同、商标管理机关公告、商标注册证。

（2）使用自有商标，须提供商标注册证。

三、基地行政位置图、地块分布图、地块图

1. 基地行政位置图

要求在市、县或乡的行政图上，标明基地所在的位置，地址到建制村。基地行政位置图示例如图4-7所示。

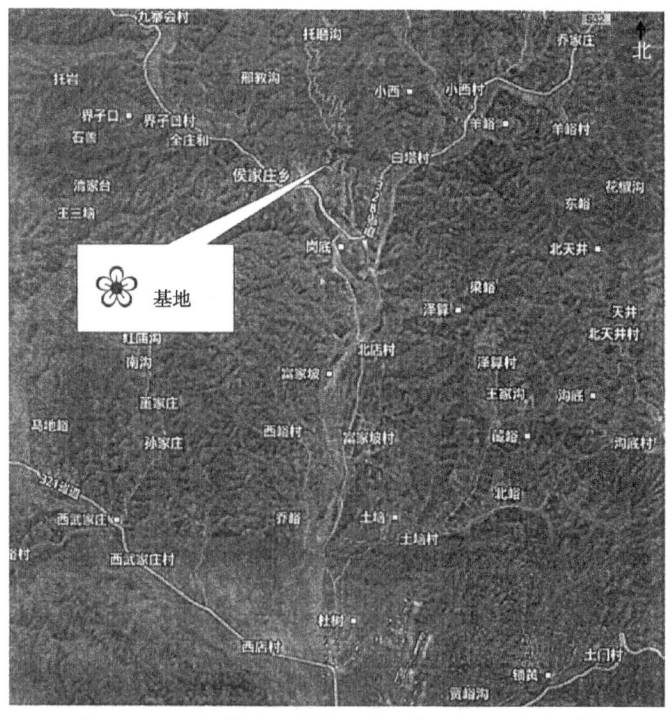

图4-7　基地半径5千米范围内的行政位置图示例

2. 地块分布图

要求为体现全部地块分布情况的卫星定位图,标注边界、经纬度,须彩色打印。地块分布图示例如图4-8所示。

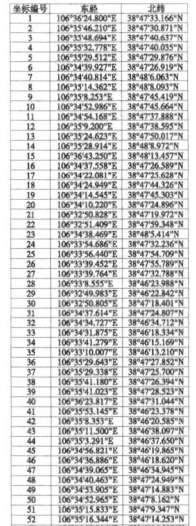
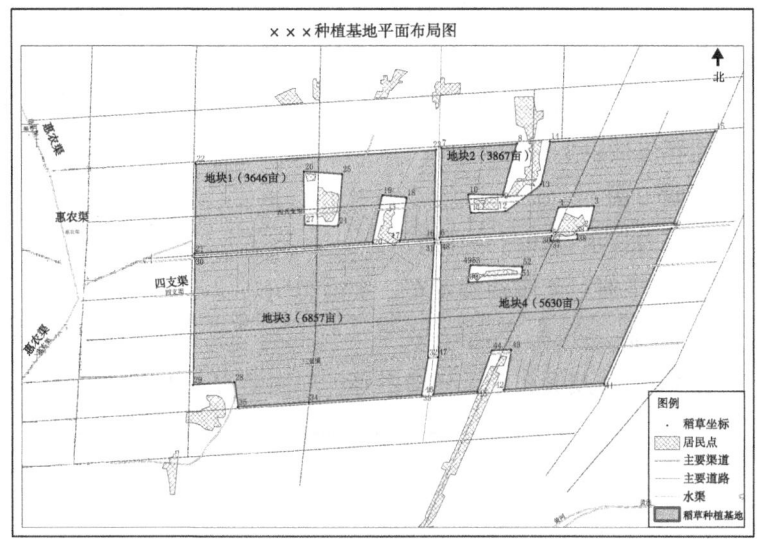

图 4-8　地块分布图示例

3. 地块图

分布图与地块图可在一个图中体现。地块图需体现出每个地块的形状、面积、周边土地利用情况、缓冲带设置情况、主要标示物、河流、水井或其他水源的位置等信息。地块图示例如图4-9所示。

图 4-9　地块图示例

四、质量管理体系文件

（一）有机生产质量管理手册

有机生产质量管理手册须包括GB/T 19630—2019《有机产品 生产、加工、标识与管理体系要求》中7.2.4要求的内容。企业须根据自身实际情况编制科学有效的有机生产质量管理手册，在申请有机认证前有效发布、实施运行至少3个月，内容包括以下10个方面。

1. 封　面

封面内容示例如图4-10所示。

（1）手册封面应明确发布、实施时间。

（2）加盖公章、签字有效。

（3）如涉及颁布令、任命书等，应由负责人批准、签字。

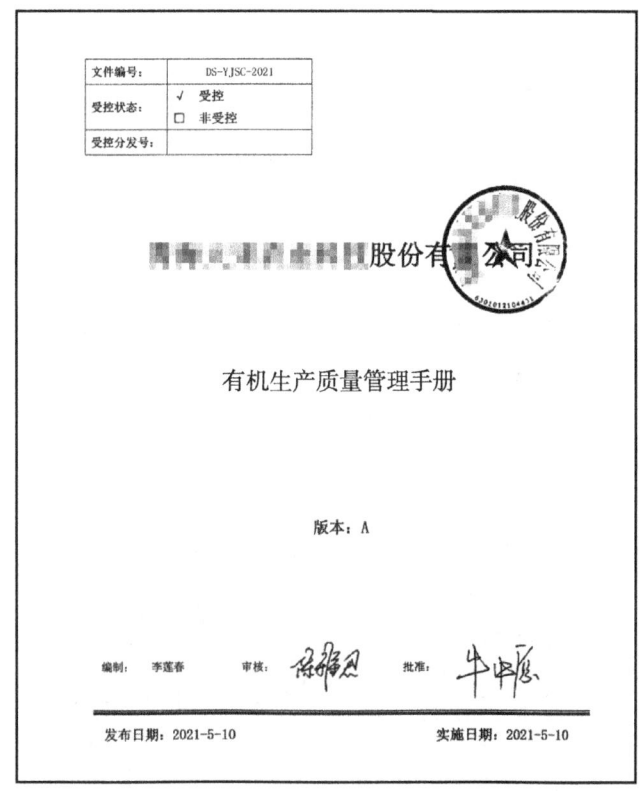

图4-10　有机生产质量管理手册的封面示例

2. 有机产品生产、加工、经营者的简介

内容包含申请单位名称、成立时间、主要经营范围、员工信息、生产能力等，字数不少于100字。

3. 有机产品生产、加工、经营者的管理方针和目标

管理方针包括企业的经营口号、经营理念等宏观要求；管理目标包括经营质量要求、整体管理措施等信息，管理目标应量化。

4. 管理组织机构图及其相关岗位的责任和权限

组织机构图：与实际公司构架情况一致，需要体现内部检查员的位置（须独立于生产管理者，有一定的管理权）。

各个部门的责任权限：对应组织机构图中的部门设置，描述所有部门职责权限。

5. 有机标识的管理

包括使用有机标识的产品、使用的方式（直接印刷或购买防伪追溯标签）、有机标识的处理、有机标识的保管、预防有机标识被用于常规产品的措施等内容。

6. 可追溯体系与产品召回

可追溯体系内容包括产品追溯方法及操作措施。完善可追溯体系的关键在于做好各阶段生产记录并捋清记录间的关系。

产品召回的管理内容包括产品召回的条件、召回产品的处理措施、召回事件发生的原因分析及预防措施。对于没有产品召回事件发生的情况，企业应每年至少进行一次产品召回演练并形成记录。

注意：其中涉及的部门，须为组织机构图内描述的部门。

7. 内部检查

内容包括内部检查的频次（至少每12个月一次，由内部检查员实施），内部检查的部门及检查的要求，检查过程中发现问题后关于整改措施的规定与落实办法。内部检查员要独立于被检查部门。

8. 文件和记录管理

包括文件和记录保存年限（至少5年）的规定，并指定负责文件和记录管理的部门及主要负责人员。

注意：其中涉及的部门，须为组织机构图内描述的部门。

9. 客户投诉的处理

内容包括对客户投诉处理的条件、处理措施、投诉原因分析等方面的规定。

10. 持续改进体系

针对企业存在的不符合项,规定改进及验证的办法及措施。

(二) 有机生产操作规程

有机生产操作规程的封面应明确发布与实施时间,有批准人和审核人签字且加盖公章。有机生产操作规程封面示例如图4-11所示。

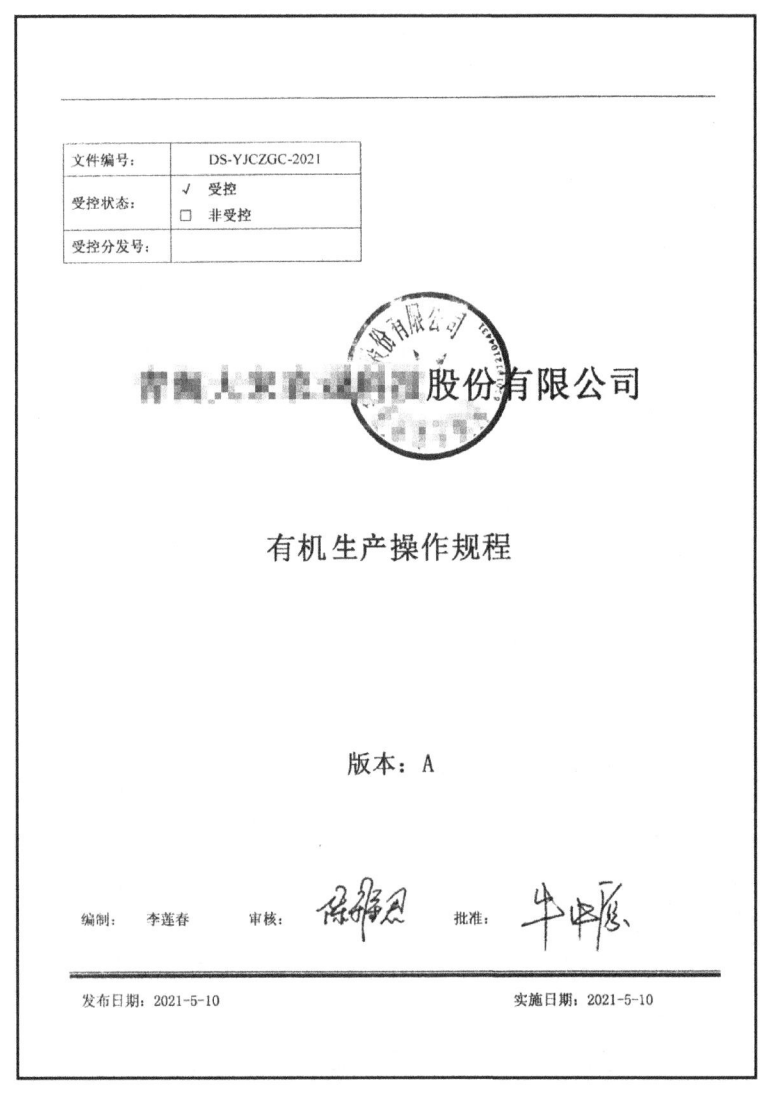

图 4-11 有机生产操作规程封面示例

企业根据有机生产实际情况编制有机生产操作规程,内容至少应包括以下7个方面。

1. 作物种植技术规程

(1)种子和种苗的处理方法,播种育苗的规程,以及获得有机种子和种苗的计划(适用于一年生作物)。

(2)自留种的,提供自留种技术规程。注意:须详述种子自留的适宜性、栽培是否有特殊的要求、收获后处理方法与储存方法。

(3)土壤肥力的保持与管理措施。

(4)常发病虫草害的防治措施。注意:须符合有机标准的要求,根据企业自身实际情况和特点制定,应具有可操作性。

(5)作物的轮作计划及轮作作物的种植规程(适用时)。注意:一年生作物应进行3种以上作物轮作,一年种植多季水稻的可以采取2种作物轮作,冬季休耕的地区可不进行轮作。

2. 防止有机生产、加工和经营过程中受禁用物质污染所采取的预防措施

生产过程中,投入品购买、投入品出入库、生产、收获、产品出入库、包装、储存、运输、销售等所有环节均应做好有机标识,并制定相关预防禁用物质污染的措施。

3. 植物产品收获规程及收获后的运输与储藏规程

对收获工具、收获方式、收获后运输工具、临时保管地点、保管方式等作出明确规定。

4. 生产设备、运输工具及仓储设施的维护与清洁规程

对有机生产中涉及的生产设备、运输工具和仓储设施的清洗保养、清洁物质使用进行规定。

5. 防止有机产品与非有机产品混杂所采取的措施

存在平行生产的企业须提交防止有机产品与非有机产品混杂所采取的措施,内容包含整个生产过程各个环节(包括投入品购买、投入品出入库、生产、收获、产品出入库、包装、储存、运输、销售等)采取的措施。

6. 标签及生产批号的管理规程

针对生产批号编制方法、生产批号记录方式、标签内容、标签使用方式、使用标签的产品等进行明确规定。注意:批号设置须与实际生产记录中关于批号的描述相符。

7. 员工福利和劳动保护规程

制定员工福利（包括伤病福利待遇、带薪休假、结婚与生育福利待遇等）与劳动保护（劳保用品购买使用、清洁消毒品安全使用等）的相关制度。

五、记录文件

此部分文件如未发生，可暂不提供。现场检查前按照资料清单顺序将记录文件整理好，待现场检查时提交至检查组。

（一）投入品（种子、种苗、农药、肥料、黄板、果袋等）使用的相关记录与证明文件

1. 自留种

自留种的应提供上年度自留种收获入库、处理与储存记录，以及本年度的出库记录。自留种上年度收获入库记录及本年度出库记录示例如图4-12和图4-13所示。自留种处理全过程的记录示例如图4-14所示。

2020年自留种收获入库记录

日期	名称	作业内容	收获数量	入库数量	操作人	保管员
2020年10月30日	天香1号稻种	收割			李西庆	黄兴峰
2020年10月31日至11月2日	天香1号稻种	晾晒	840千克		李西庆	黄兴峰
2020年11月3日	天香1号稻种	晾晒、进仓	840千克	840千克	李西庆	黄兴峰

图4-12 自留种收获入库记录示例

2020年自留种出库记录

日期	产品商品名称 （成分或含量）	出库数量	库存数量	领料人	保管员
2021年5月6日	天香1号稻种	220千克	620千克	李西庆	黄兴峰
2021年5月12日	天香1号稻种	500千克	120千克	李西庆	黄兴峰

图4-13 自留种出库记录示例

有机种子生产、处理、存放、出入库记录（2020/2021年度）

作物名称：藜麦

操作人	活动记录	时间
李西庆	杂质处理、风选	2020年10月31日
李西庆	晾晒（含水量10%以内）	2020年11月1—3日
李西庆	装袋（专业种子网袋）	2020年11月4日
黄兴峰	入库码放（840千克）	2020年11月5日
黄兴峰	出库（220千克）	2021年5月6日

记录人：黄兴峰

图4-14 自留种生产记录示例

2. 外购种子或种苗

提供所有种子（包括轮作作物）的购买单据、包装袋照片、非转基因证明、未经禁用物质处理的证明及台账记录。所有外购种子/种苗都要提供一套与记录对应的证明材料。

（1）种子购买凭证，可以是发票或收据等，发票示例见图4-15。

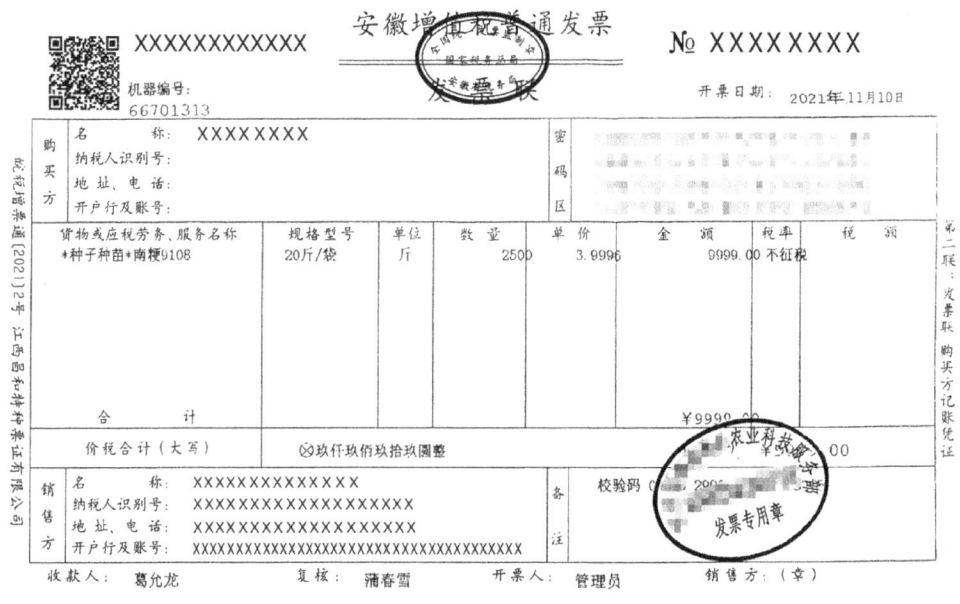

图4-15 购买种子或种苗的发票示例

（2）须提供种子包装袋正反面的照片，包装袋上的文字说明须能清晰识别。种子包装袋照片的示例如图4-16所示。

　　　正面　　　　　　　　　　　反面

图4-16 种子包装袋照片示例

（3）须由购买单位或农业主管部门开具非转基因证明、未经禁用物质处理的证明，证明示例如图4-17所示。

图4-17 种子非转基因且未经禁用物质处理的证明示例

3. 自制堆肥

自制堆肥（如自制发酵腐熟粪肥），应提供原料购买单据、堆肥记录。注意：①要提供全部原料的购买凭证；②堆肥记录包括原料成分、配比、堆制时间、翻堆时间、具体操作过程、结束时间等内容。

4. 外购商品有机肥

外购商品有机肥的，至少应提供购买单据、肥料登记证、产品说明书。对其购买单据、肥料登记证、产品说明书的要求与外购植保投入品的要求（详见本部分"6.外购植保物质"）基本相同。外购菜籽饼、棉花粕肥的还应提供非转基因证明。

此外，如果能够获得，可补充提供商品有机肥的有机生产投入品评估证明及肥料产品检验检测报告。有机生产投入品评估证明示例见图4-18。肥料产品检验检测报

图4-18 有机生产投入品评估证明示例

告示例见图4-19，须符合以下要求：①产品名称、生产单位须与产品包装一致；②检测结论所有项目均为合格；③检测日期宜为所购产品生产日期的前后一年；④购买前对肥料成分进行评估，一般腐熟农家肥氮磷钾含量不超过8%，如高于8%需要生产商给出合理的解释说明。

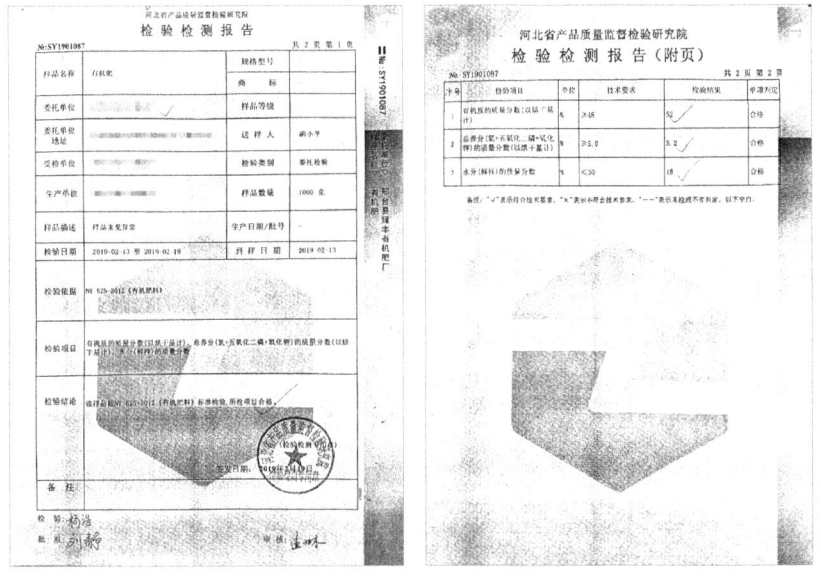

图4-19 肥料产品检验检测报告示例

5. 自制植保物质

自制植保物质（如自制波尔多液），应提供原料购买单据、制作记录。注意：①要提供全部原料的购买凭证；②制作记录包括原料成分、配比、制作时间、具体操作过程等内容。

6. 外购植保物质

外购植保物质（包括生物农药、套袋等），至少须提供购买单据、产品说明书、农药登记证。购买单据+产品说明书+农药登记证为一套完整的文件，每种外购植保物质都须提供一套完整的文件，对应台账记录。植保投入品如果获得了有机生产投入品评估证明，则一并提供，具体可参考本部分前文"4.外购商品有机肥"中的有机生产投入品评估证明的示例。

（1）外购植保物质的购买单据示例如图4-20所示，单据显示购买物质应与实际使用物质一致。

图4-20　外购植保物质购买单据应与实际使用物质一致

（2）须核实包装上登记证号、产品说明等文字信息，包装上的产品说明示例见图4-21。

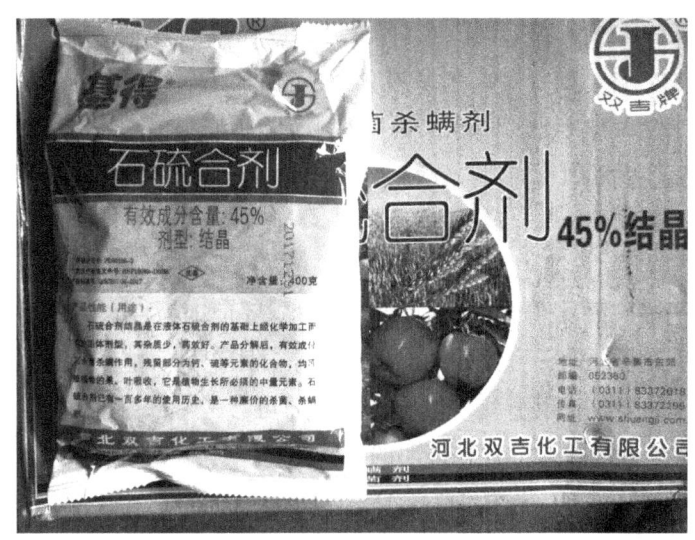

图 4-21　包装说明示例

（3）农药登记证上的产品名称、登记证号、生产商需与产品包装一致。农药登记证示例见图4-22。

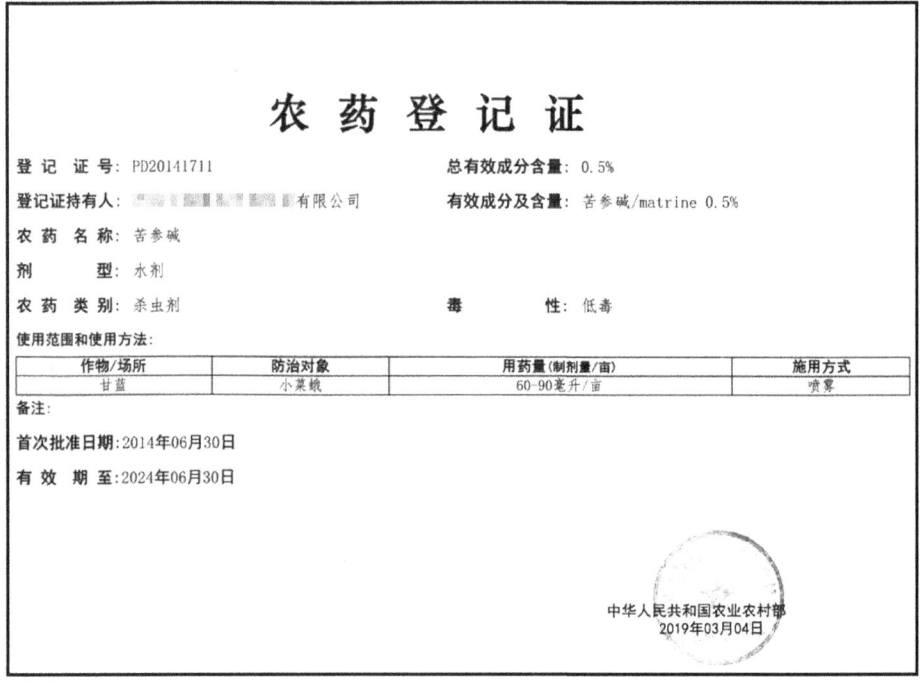

图 4-22　农药登记证示例

7. 所有生产投入品（种子、种苗、肥料、植保物质等）的台账

要求包含来源、购买数量、使用去向与数量、库存数量等；要与购买凭证相对应，保持前后逻辑一致性。投入品台账示例见图4-23。

投入品购买记录（农药）

日期	名称	登记号	剂型规格	生产商	生产日期	零售商	购买量	现有库存	仓库管理人员	记录人
2021年3月4日	白僵菌	PD20102134	1K/100g	[redacted]股份公司	2020年9月0日	[redacted]农资公司	120kg	0	黄兴峰	黄兴峰
2021年3月4日	鱼藤酮	PD20151703	1K/100g	[redacted]药业公司	2020年7月6日	[redacted]农资公司	300kg	0	黄兴峰	黄兴峰

内检员：[illegible]　　复审人：[illegible]　　日期：2021年3月7日

图4-23　投入品台账示例

（二）本年度发生的有机生产相关操作记录文件

1. 各地块的农事活动记录

各个地块、各个品种均须按照时间顺序详细记录全部农事活动，要有记录人签字或盖章。农事活动记录示例见图4-24。

三、田间农事操作记录

2021年

日期	田块编号	作物名称（注明品种）	作业面积（亩）	作业内容	农业投入品（肥、药等）		天气状况	记录人	收获时间
					商品名称（成份）	用量			
3/15	杨堡①	菊花	50	犁地			多云	[illegible]	
3/20	杨堡①	菊花	50	撒料			晴	[illegible]	
3/22	杨堡①	菊花	50	覆盖薄膜	聚乙烯		多云	[illegible]	
4/1	杨堡①	菊花	50	种植			阴	[illegible]	
4/20	杨堡①	菊花	50	施肥	有机肥 N+P2O5+K2O	400kg/亩	晴	[illegible]	
5/15	杨堡①	菊花	50	打顶			晴	[illegible]	
5/26	杨堡①	菊花	50	除草			晴	[illegible]	
6/19	杨堡①	菊花	50	拉线			多云	[illegible]	

图4-24　农事活动记录示例

2. 收获记录

收获记录应分地块记录收获作物品种、数量、收获日期、收获方式、批次号。如涉及收获后的处理过程和记录，也应一并提供。各个地块都需要提供收货

记录,总收获产量须高于申请产品数量。收获记录示例见图4-25。

收获记录

日期	产品名称	地块编号	面积(亩)	收获产量(吨)	批次号	操作人	备注
2021年4月18日	▓茶鲜叶	2	30	3.6	QFC2-5	徐帮发	
4月19日	▓茶鲜叶	2	74	2.65	QFC2-6	徐帮发	
4月20日	▓茶鲜叶	3	70	2.96	QFC3-1	徐帮发	
4月21日	▓茶鲜叶	3	70	2.84	QFC3-2	徐帮发	
4月22日	▓茶鲜叶	3	75	2.88	QFC3-3	徐帮发	
4月23日	▓茶鲜叶	3	70	2.69	QFC3-4	徐帮发	
4月24日	▓茶鲜叶	3	70	3.12	QFC3-5	徐帮发	
4月25日	▓茶鲜叶	3	80	3.3	QFC3-6	徐帮发	
4月26日	▓茶鲜叶	3	75	3.1	QFC3-7	徐帮发	
4月27日	▓茶鲜叶	3	80	2.5	QFC3-8	徐帮发	

记录人:徐帮发　内检员:李永　复核人:黄志祥　日期:2021年4月27日

图4-25　收获记录示例

3. 销售记录

销售记录应包括销售去向、销售数量、批次号等信息。销售记录示例见图4-26。

产品销售记录

时间	产品名称	批次号	数量(吨)	购买单位	出货人
2021年6月13日	▓▓	QLS210512QFC2-5	1.64	▓▓经营部	▓▓
6月13日	〃	QLS210513QFC2-6	1.45	▓▓经营部	〃
6月14日	〃	QLS210514QFC3-1	1.36	▓▓经营部	〃
6月14日	〃	QLS210514QFC3-2	1.03	▓▓经营部	〃
6月17日	〃	QLS210516QFC3-3	1.36	▓▓经营部	〃
6月17日	〃	QLS210517QFC3-4	1.32	▓▓经营部	〃
6月18日	〃	QLS210518QFC3-5	1.36	▓▓经营部	〃
6月19日	〃	QLS210519QFC3-6	1.52	▓▓经营部	〃
6月22日	〃	QLS210520QFC3-7	1.57	▓▓经营部	〃
6月23日	〃	QLS210521QFC3-8	1.58	▓▓经营部	〃

记录人:夏佳丽　内检员:李永　复核人:黄志祥　日期:2021年6月23日

图4-26　产品销售记录示例

4. 有机标识的使用管理记录

有机标识使用管理记录应包含产品名称、包装规格、批次号、有机码的使用起止号码、使用数量等信息。有机标识使用管理记录示例见图4-27。

图4-27 有机标识使用管理记录示例

5. 培训记录

本年度应开展关于有机认证与生产相关内容的培训，如生产技术、基地日常管理等方面的培训。培训记录须记录主讲人、培训时间、培训内容，并附有参会人员签到表，如图4-28和图4-29所示。

图4-28 培训记录示例　　　　图4-29 培训签到表示例

6. 内部检查记录

须由内检员对有机生产全过程进行内部检查并形成报告，至少每12个月进行一次内部检查。内部检查中应特别注意，一年生作物不应存在平行生产。内部检查报告格式可参考COFCC内部检查报告模板，如图4-30所示。内部检查报告须有生产管理者、内部检查员手写签字。

图4-30　COFCC内部检查报告（种植）示例

7. 产品召回记录

产品召回记录内容包括召回产品的名称、批次号、数量、处理措施，以及召回事件发生的原因分析和预防措施等。产品召回记录示例如图4-31所示。如未发生产品召回，也须提供签字的空白表格。

图4-31　产品召回记录示例

8. 客户投诉处理记录

客户投诉处理记录内容包括客户投诉的事由、产品批次、处理措施、投诉原因分析等。客户投诉处理记录示例见图4-32。如未发生客户投诉，也须提供签字的空白表格。

客户投诉处理记录

客户名称	日期	产品批次号	数量	投诉事由	原因分析	处理措施	处理人	审批人
无								

记录人：   内检员：   复核人：   日期：

图4-32 客户投诉处理记录示例

第二节 加工有机认证申请文件范例

一、项目基本情况资料

（一）有机产品认证申请书

要求同本章第一节。

（二）有机产品认证调查表（有机产品加工）（版本：8/2）

有机产品认证调查表（有机产品加工）填写的注意事项如下，表格中仿宋体文字为填写示例，示例非真实信息，仅供参考。

【调查表页面】

有机产品认证调查表（有机产品加工）

申请单位（盖章）①：河北××食品加工有限公司

法人/负责人（签字）②：赵××

申请日期：__2022__年__5__月__1__日③

中绿华夏有机产品认证中心

地址：北京市海淀区学院南路59号　邮编：100081

官网：www.ofcc.org.cn　E-mail：cofcc@126.com

【注意事项】

　　① 加盖公章，企业名称须与公章一致。
　　② 手写签字或盖签字章。
　　③ 与申请书时间一致。

【调查表页面】

> **注意事项**
>
> 本表适用于食品及饲料加工。
> 本表无法人（负责人、内检员）签字和单位盖章均视为无效。
> 本表涂改后无确认章（或签字）无效。
> 本表应打印或用钢笔、签字笔填写，字迹工整、清晰。如无某项目内容时应画斜线表示，若因故无法填写时，应注明原因。
> 填报数据一律用阿拉伯数字，文字说明一律用汉字。

【调查表页面】

第一部分　基本情况

1　加工场所

加工厂名称①	河北××食品加工有限公司		
加工厂地址/邮编②	河北省××市××县××镇××村		
加工联系人	赵××	电话/手机	12345678999
加工厂面积③（米²）	5 300	员工人数（人）	10

【注意事项】

①加工厂名称并非一定是申请单位名称，如涉及委托加工等情况，名称可能会不一致。

②加工厂地址应填写生产地址，不是申请企业注册地址，应与食品生产许可证（SC证）生产场所地址一致。

③涉及多个加工厂的，面积应分别列出。

【调查表页面】

2	生产组织模式

2.1 加工厂性质：□国有　□私营　☑股份公司　□其他，请描述：＿＿＿＿＿
2.2 申请认证单位与加工场所的关系：☑自有　□委托加工　□其他，请描述：＿＿＿＿＿
2.3 产品类型：☑食品加工　□饲料加工

3 加工场所环境

围栏类型		围栏高度（米）	

加工场所所处位置类型：□城区　☑乡村　□食品工业园区　□其他
加工场所周边是否存在污染源？□是　☑否
　　如是，何种污染源：＿＿＿＿＿＿＿＿＿＿＿＿＿＿＿＿＿＿＿＿＿＿＿＿＿＿＿＿＿；
　　采取何种措施防止污染风险：＿＿＿＿＿＿＿＿＿＿＿＿＿＿＿＿＿＿＿＿＿＿＿＿＿
加工场所是否符合所在国家及行业部门有关规定并具有相关资质？☑是　□否

4 有机产品认证历史[①]

此前是否通过其他认证机构的有机认证？如是，哪家认证机构？证书有效期？	是，×××认证中心，证书有效期为2020年12月10日至2021年12月9日[②]
对于目前在证书有效期内的项目，原认证机构是否开具不符合项？如是，请描述不符合项及企业的整改措施[③]	
此前是否被拒绝通过有机认证或被撤销过认证证书？如是，为哪家认证机构？请描述被拒绝认证或撤销证书的原因[④]	
其他补充说明的重要问题[⑤]	

【注意事项】

　　① 涉及转机构者请详细填写信息。再认证项目，COFCC 的综合审核意见并非不符合项，不用填写。
　　② 如是，须准确填写证书有效期。
　　③ 如是，要详述不符合项内容及对应的整改措施。
　　④ 如涉及被撤销的情况，须详述撤销原因。
　　⑤ 如涉及其他补充说明的重要问题，请补充。

【调查表页面】

第二部分　加工配料

1　加工配料概况

配料	名称	来源	有机/常规	是否涉及转基因？
原料	小麦	自有生产基地	有机	否
辅料①（包括食品添加剂、加工助剂和营养强化剂等）	水	市政供水	常规	否
	盐	外购	常规	否
加工用水	加工过程中是否涉及加工用水？☑是　□否 水源：☑市政供水　□公司水井　□其他_____ 水在加工过程中的作用：☑配料　□加工助剂　☑蒸煮　□冷却 □运输产品　☑清洁有机产品　□清洁设备　□其他用途_____			
食用盐	是否使用食用盐？☑是　□否 如是，是否符合 GB 2721《食用盐卫生标准》？☑是　□否			

注：1. 如原料品种较多，请另附表格。
　　2. 如食品添加剂、加工助剂和营养强化剂等品种较多，请另附表格。

2　有机产品加工配料及出成率汇总表②

成品名	配料（包括原料、添加剂、加工助剂等所有投入物质）		出成率	成品量③	有机加工中配料占比（水、盐、加工助剂不计算在内）
	各配料名称	配料用量（如涉及冲顶加工，应扣除全年计划冲顶用配料量）			
A 小麦粉	小麦	106 吨（其中 6 吨小麦用于冲顶）	70%	70 吨	100%
B 小麦粉	小麦	30 吨	70%	21 吨	100%

【注意事项】

① 加工配料中涉及的原料和辅料（包括添加剂、加工助剂）应全部填写。涉及加工用水和食用盐的请如实填写。如涉及清洁与食品接触的加工设备也属于使用加工用水，须勾选。

② 按不同产品分别填写。每个产品的有机配料应包括原料、辅料、添加剂及加工助剂等所有投入物。如涉及水和食用盐的，用量也应明确描述，但其所占比例无须填写。

③ 成品量与申请书产量一致。涉及冲顶，配料使用总量应少于"有机产品认证调查表（植物生产）"第三部分"2　收获后处理投入产出统计"中的产量。

【调查表页面】

第三部分　加　工

1　工艺流程及工艺条件（根据加工过程实际情况进行勾选）

1.1　列出产品加工过程中所采用的处理方法及工艺：☑机械　□冷冻　☑加热　□微波　□烟熏　□微生物发酵工艺　□提取　□浓缩　□沉淀　□过滤　□其他＿＿＿＿

1.2　详述各申报产品的加工工艺流程图（体现所有涉及的加工环节，包括从原料验收至成品出库全过程）

　　　A 小麦粉：小麦原料→运输→验收→初步清理→筛选→去石→磁选→打麦→精选→着水润麦→出仓→入磨→筛理→分级→包装→入库→出库→销售

1.3　如果采用了提取工艺，请列出所使用的溶剂：☑不涉及
　　　□水　□乙醇　□动植物油　□醋　□二氧化碳　□氮　□羧酸　□其他＿＿＿

1.4　如果采用了浓缩工艺，请列出浓缩方法：☑不涉及
　　　□蒸发浓缩　□真空浓缩　□冷冻浓缩　□其他＿＿＿

1.5　加工过程中是否使用过滤材料？□是　☑否
　　　如是，请说明其材质＿＿＿＿＿＿＿＿＿＿＿＿＿＿＿＿＿＿＿＿＿＿＿＿＿＿＿＿
　　　该过滤材料是否可能被有害物质渗透？□是　□否　☑不涉及

2　卫生管理及有害生物防治

2.1　加工场所内常见的有害生物。☑鼠　☑蚊蝇等昆虫　□小型动物　□鸟类　□其他：＿＿

2.2　采取何种管理措施来预防有害生物的发生？☑消除有害生物的滋生条件　☑防止有害生物接触加工和处理设备　☑通过对温度、湿度、光照、空气等环境因素的控制，防止有害生物的繁殖　□其他＿＿＿＿

2.3　使用何种设施或材料防治有害生物？☑杀虫灯　□防虫网　☑粘鼠板　☑捕鼠笼　□挡鼠板　□温湿度控制　□中草药　□其他＿＿＿

2.4　加工中是否使用消毒剂和清洁剂？① □是　☑否
　　　如是，使用何种物质：☑蒸汽　□其他＿＿＿＿＿

2.5　加工场所与加工设备清洁及消毒使用的物质：<u>蒸汽消毒，紫外线杀菌消毒</u>

3．污水排放和加工废弃物处理方法 ②

　　　加工过程中产生的污水量很少，经过沉淀池沉淀没有发生污染。设有专用垃圾箱对加工废弃物分类回收，废弃物临时存放地远离生产车间。盛装废弃物的容器有遮盖，防止不良气味溢出或被风吹起，防止有害动物滋生。易腐败的废弃物及时清除，清除后的容器应及时清洗消毒

【注意事项】

①蒸汽清洁管道，与产品直接接触，需提供加工用水检测报告。根据加工厂实际情况如实勾选，如涉及使用消毒剂等物质，应具体描述。

②描述处理方法。

【调查表页面】

第四部分 包装、贮藏、运输

1 包装

原料所用包装材质是否为食品级？何种材质？①	☑是 □否 材质名称：牛皮纸袋
成品所用包装材质是否为食品级？何种材质？②	☑是 □否 材质名称：牛皮纸袋
是否使用包装填充剂？	□否 ☑是 如是，请列出：☑二氧化碳 □氮 □其他
包装物或容器是否接触过禁用物质？	☑否 □是 如是，请描述物质名称：_____
包装物或容器是否单独存放？	☑是 □否 如否，请描述隔离措施：_____

2 贮藏与运输

仓库名称	仓库属性		储藏能力（吨）
	自有仓库	外租仓库	
××仓库	自有		500
列出原料、半成品、成品储藏方法	☑常温 □气调 □温度控制 □干燥 □湿度 □其他_____		
运输工具	自有货运汽车		

3 二次分装、分割③

3.1 认证产品是否存在二次分装或分割？ ☑否 □是
如是，二次分装或分割场所地址：_____
3.2 二次分装或分割过程中的设备是否同时用于处理非有机产品？ ☑否 □是
如是，填写清洁或隔离措施：_____

【注意事项】

① 原料和成品包装材料必须为食品级材质。
② 包装材质使用情况请根据实际情况如实填写，应写明具体使用材质名称。
③ 在申请认证的加工场所外不应对产品进行二次分装或分割，如存在请填写申报。如仓库不是有机专用须填写避免混杂存储的方法。

【调查表页面】

第五部分　平行加工

1　加工场所内平行加工情况[①]

1.1　除了申请的产品外，同一加工场所是否还加工常规产品？☑是　□否
　　如是，请描述常规产品名称同时填写1.2。
1.2　请描述在原料运输及贮藏、加工、成品贮藏及运输各环节中避免混淆及污染采取的措施。
1.2.1　有机原料运输工具是否有机专用？□是　☑否
　　如否，描述避免混淆及污染的措施：<u>运输有机产品前清洁打扫干净，并保存运输记录</u>
1.2.2　有机原料贮藏场所是否有机专用？□是　☑否
　　如否，描述避免混淆及污染的措施：<u>分区存放，并有有机标识牌</u>
1.2.3　原料包材及成品包材贮藏场所是否有机专用？□是　☑否
　　如否，描述避免混淆及污染的措施：<u>分区存放，并有有机标识牌</u>
1.2.4　加工设备是否有机专用？□是　☑否
　　如否，描述避免混淆及污染的措施：<u>分时间隔离，先加工有机产品；在加工有机产品前对设备彻底清洁打扫</u>
1.2.5　成品贮藏场所是否有机专用？□是　☑否
　　如否，描述避免混淆及污染的措施：<u>分区存放，并有有机标识牌</u>
1.2.6　成品运输工具是否有机专用？□是　☑否
　　如否，描述避免混淆及污染的措施：<u>运输有机产品前清洁打扫干净，并保存运输记录</u>

【注意事项】

①　如存在平行加工，请详细填写此部分内容。应注意平行加工包括原料入厂至成品出厂全过程，所有相关步骤均应有效识别区分并予以管控，而非只是针对狭义的加工过程。

【调查表页面】

第六部分 标识与销售

1 标识 □不涉及

1.1 是否计划在获证产品或者产品的最小销售包装上加施有机认证标志、有机码?[①] □否 ☑是
如是,请选择加施的方式:☑购买使用有机产品防伪标签 □申请自行印制

1.2 是否在申请认证的场所外加贴有机码?☑否 □是
如是,加贴有机码场所地址[②]:_____

1.3 商标

1.3.1 申报产品的产品描述是否包含自有商标信息?□否 ☑是
如是,请填写自有商标名称:__A__

1.3.2 申报产品的包装上是否使用他人商标?[③] □否 ☑是
如是,请填写他人商标名称:__B__

2 销售 □不涉及

在产品销售时采取何种措施保证有机产品的完整性和可追溯性?☑避免将有机产品与非有机产品混合 ☑避免将有机产品与禁用物质接触 ☑建立有机产品的购买、运输、储存、出入库和销售等记录 □其他(请说明)_____

第七部分 管理体系

1 文件控制

1.1 提交的质量管理体系文件是否为最新有效版本?☑是 □否
1.2 是否能确保在使用时可获得适用文件的有效版本?☑是 □否
1.3 是否保存了有效的有机生产记录?☑是 □否

【注意事项】

① 应勾选是否订购有机码,如认证产品在转换期内则不能使用有机认证标识,可勾选为否。
② 如在申请场所外加贴有机码,请填写。
③ 如申请的产品使用他人商标,请勾选并填写。

【调查表页面】

2 资源管理				
姓名	职务	是否了解或熟悉国家有机标准要求		任职年限
赵××	加工管理者	□不了解　□了解　☑熟悉　□掌握		5年
王××	内部检查员	□不了解　□了解　☑熟悉　□掌握		3年

声　明

我在此声明，在我个人的经历、知识和能力范围内，本调查表中所填写并反映的所有生产、加工和经营的情况都是真实的、准确的。我在此认同，后续必要的现场检查（包括抽样检测，查验原始记录及票据）是为了验证符合有机产品标准的需要。同时我也知道，即使本调查内容经审查得到通过，并不意味着申报产品通过了有机产品认证。

负责人（签字）①：_____；内检员（签字）②：_____

【注意事项】

①负责人手写签字。
②内检员手写签字，确认内容的真实有效。

二、资质证明文件

（一）营业执照副本复印件

同本章第一节中植物生产有机认证对营业执照副本复印件的要求。

（二）食品生产许可证

对于国家强制要求取得食品生产许可（SC）的产品必须提供食品生产许可证副本及明细页复印件，示例见图4-33和图4-34。食品生产许可证应在有效期内；"生产者名称"应与申报主体相匹配；如食品生产许可证上的"生产地址"涉及多个地址，应明确有机产品加工的地址且提供加盖公章的说明；食品生产许可证明细页所列产品类别应涵盖申报认证的所有产品。

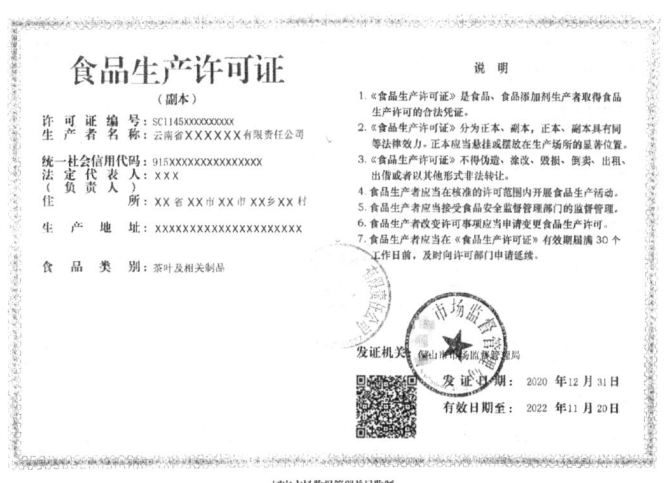

图4-33　食品生产许可证示例

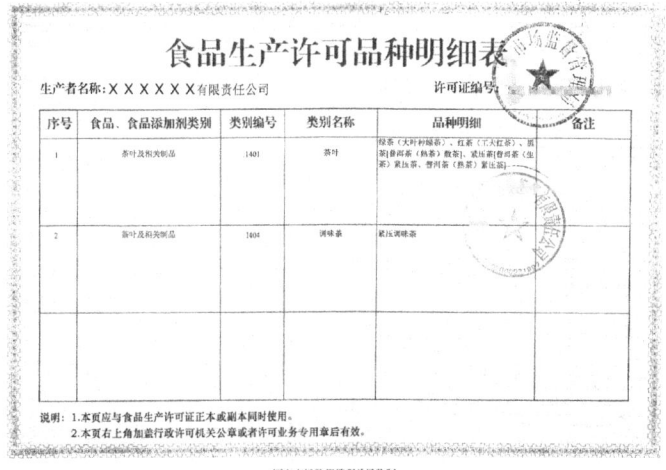

图4-34　食品生产许可品种明细表示例

(三)加工用水的检测报告(适用时)

加工过程涉及用水的均须提供加工用水的检测报告(图4-35),如大米抛光、小麦润麦、松子润壳、茶油水洗等,涉及食品接触加工设备清洗用水的也须提供用水检测报告。加工用水的检测依据为GB 5749,检测报告须有中国计量认证(CMA)印章,委托方应为申请认证的委托人,检测机构应具有相关资质,且资质在有效期内。如使用的是市政用水,也可提供购水单据和市政用水出厂水的检测报告。

图4-35 加工用水的检验报告示例

（四）商标相关证明文件（适用时）

商标使用分为两种情况，须先明确属于哪一类，提供相关对应的文件即可。

（1）使用他人商标：提供商标授权使用许可合同、商标管理机关公告、商标注册证。

（2）使用自有商标：如体现自有商标，须提供商标注册证。

三、加工厂行政位置图、厂区平面图及车间设备位置图

1. 加工厂行政位置图

提供加工厂所处市、县或乡的行政图，并在行政图上标明加工厂坐落的准确位置，示例见图4-36。

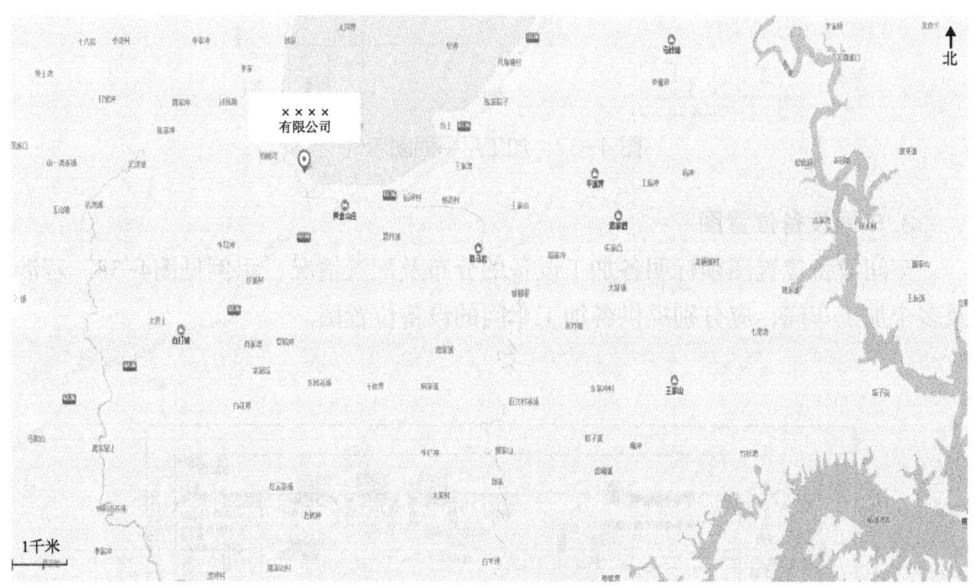

图4-36 加工厂行政位置图示例

2. 厂区平面图

厂区平面图应标明加工厂的加工车间、包装车间、仓库等相关设施的分布，以及周边环境，体现加工厂的实际情况（图4-37）。若涉及多个加工厂，应分别提供各加工厂区的平面图。

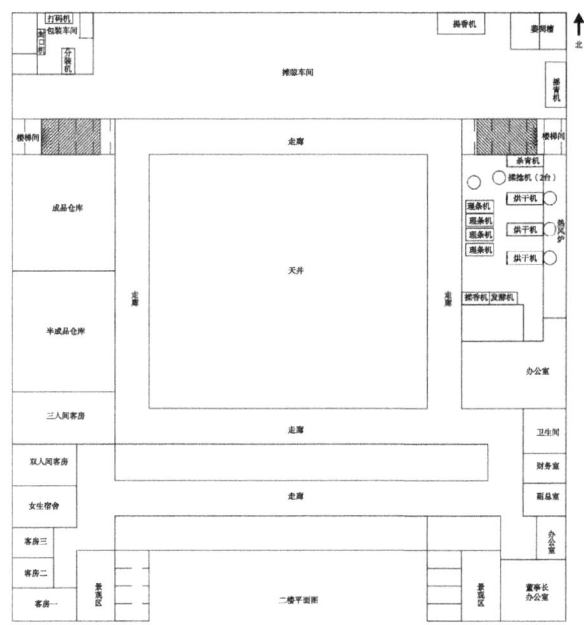

图 4-37 加工厂平面图示例

3. 车间设备位置图

车间设备位置图须标明各加工设备的分布及配置情况,示例见图4-38。若涉及多个加工车间,应分别提供各加工车间的设备位置图。

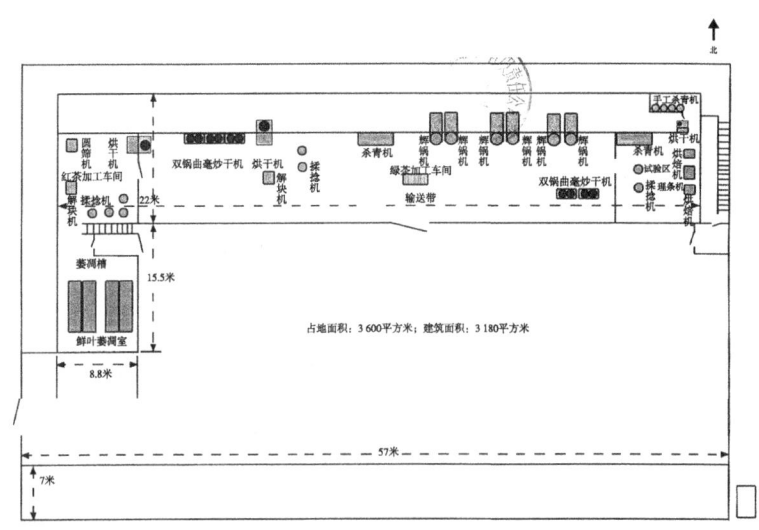

图 4-38 车间设备位置图示例

四、委托加工或外租仓库须提供的文件

（一）如为委托加工，提供有机加工委托合同

委托加工合同中应写明委托加工的产品名称、合同时限、合同签署时间等信息，并经双方签字盖章。委托加工合同中应体现有机加工的要求及平行加工管理内容（如涉及）。被委托方还应提供有效期内的营业执照副本、食品生产许可证副本及其明细页，且具有加工该认证产品的资质。委托加工合同示例如图4-39所示。

有机大米委托加工合同

甲方：××××科技有限公司　　乙方：××××米业有限公司

为维护甲乙双方的利益，经双方协商，就甲方委托乙方代加工有机大米产品事宜达成如下协议，以供双方共同遵守。

第一条　甲方每年向乙方提供由自有基地按有机食品生产方式生产、符合相关质量（如水分、杂质等）要求的有机稻谷原料30吨左右，加工成有机大米20吨左右。

第二条　甲方有权对乙方的生产过程、产品质量进行检查监督，并提出意见和建议。

第三条　乙方必须严格按照双方确定的有机大米加工操作规程加工大米，并做好全程质量控制，做好各个工序的记录台账，如冲顶加工记录等，严禁作假。

第四条　乙方必须严格按照甲方确定的质量标准（精米率、整米率、水分、卫生等指标）、加工数量及生产期限等进行生产。

第五条　乙方必须严格管理好甲方提供的产品、商标及包装印刷品，如因乙方管理不善造成甲方商标及包装印刷品等丢失，乙方应承担相应法律责任。

第六条　乙方应严守甲方的商业秘密。

第七条　付款方式及交货地点：甲方确定委托加工数量、标准后，与乙方签订委托加工通知单，并于签订之日起1周内向乙方支付总货款的5%作为预付款，乙方提供的有机大米经甲方验收进仓后由财务核实付款，交货地点为甲方库房。

第八条　副产品处理：加工所产生的副产品，如米糠等可协商销售给乙方，也可以由甲方自行处理或冲抵加工费。

第九条　违约责任

（1）因甲方原料质量不合格或延迟提供所需物料而造成停工或延期的，一切损失由甲方承担。

（2）因乙方原因导致加工的大米达不到甲方的质量要求，或交货时间延期，乙方应承担由此产生的一切损失。

（3）如乙方擅自生产或销售甲方的产品及包装印刷品等，一经查证，无论数量多少乙方应支付甲方违约金1万元，并追究乙方法律责任。

（4）甲乙双方如有一方违约，除追究违约责任外，另一方有权终止本合同。

第十条　合同有效期限：本委托加工合同期限自2020年10月1日起至2025年9月30日止。

第十一条　合同如遇争议，甲乙双方可协商解决，如不能达成协议可向相关部门申请仲裁。

第十二条　本合同正本一式两份，经双方代表人签字盖章后生效。

第十三条　其他未尽事宜另行订立补充协议。

甲方：××××科技有限公司　　甲方代表人：
（盖章）

乙方：××××米业有限公司　　乙方代表人：
（盖章）

日期：2020年10月1日

图4-39　委托加工合同示例

（二）如外租仓库，应提供仓库的租用合同、行政位置图及平面图

仓库的租用合同应包括储存产品名称、合同时限、合同签署时间、防止有机产品混杂措施等信息并经双方签字盖章。行政位置图及平面图可参考本节第三部分关于加工厂行政位置图与平面图的要求。

五、质量管理体系文件

（一）有机加工质量管理手册

要求同第一节第四部分中植物生产的"有机生产质量管理手册"范例，内容须涵盖GB/T 19630—2019中7.2.4的要求。

（二）有机加工操作规程

有机加工操作规程应有发布、实施时间且加盖公章。有机加工操作规程至少应包括以下内容。

（1）各申报产品加工工艺流程图及各环节操作规程。各申报产品均须提供相应的加工工艺流程图，各环节的操作规程应与工艺流程图相对应，各环节描述应详细、明确、与实际加工情况一致且具有可操作性。

（2）产品的包装（包括材料和方法）、运输和储藏等环节规程。

（3）废水、废渣等废弃物的处理规程。

（4）防止有机生产、加工和经营过程中受禁用物质污染所采取的预防措施。可从原料运输、原料存放、平行加工、成品存放、商品运输和销售区设置等方面进行描述。

（5）防止有机产品与常规产品混杂所采取的措施（存在平行加工的企业须提交）。内容应包含全部环节（包括投入品的购买及出入库、加工、包装、储存、运输、销售等）采取的措施。

（6）运输工具、机械设备及仓储设施的维护、清洁规程。

（7）加工厂卫生管理与有害生物防治规程。

（8）生产批号及标签的管理规程。应对生产批号的编制方法、记录方式，以及标签的内容、使用方式、被使用的产品等方面进行规定。

（9）员工福利与劳动保护规程。

六、外购有机原料相关文件

外购有机原料的，提供外购有机原料的购销协议、购买发票、有机产品证书

与销售证复印件。

1. 购销协议

外购有机原料的购销协议应为委托人与有机原料生产方签订，协议内容应包括有机原料的品种、购买数量、购买合同期限等信息，购销协议中有机原料的量应不少于申报产品成品量对应的原料量，如图4-40所示。

油菜籽购销合同

供方：××××有限责任公司
需方：××××股份有限公司

经双方友好协商，就油菜籽购销事宜签订此购销合同，共同严格履行。

一、产品名称数量、单价与金额。

产品名称	单位	数量（元）	单价（元）	贷款总额（元）	备注
油菜籽	吨	104.67	6960	728 503.2	产地：××村
合计人民币大写：柒拾贰万捌仟伍佰零叁元贰角整					

二、供方提供油菜籽产品，产品质量以供方提供的样品为准。

三、需方到供方生产队车板交货，运输费需方自理。

四、款到付货，供方提供发票。

五、合同执行中若发生纠纷，双方协调解决。

六、自合同签订之日起生效，合同有效期三年。

七、本合同一式四份，双方各执二份。双方签字生效。

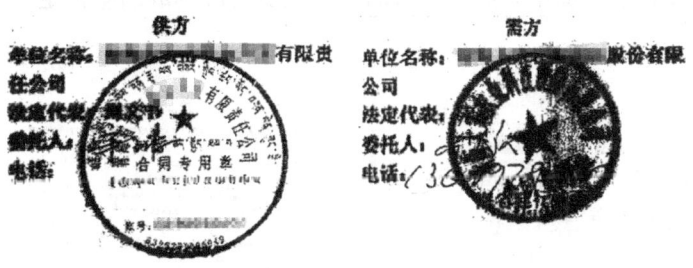

签订时间：2020年11月25日

图4-40 购销合同示例

2. 购买发票

发票上的购买方为委托人，销售方为有机原料生产商，发票上产品与申报产品的原料相一致，开具时间在认证周期内，购买数量须满足生产所需，如图4-41所示。

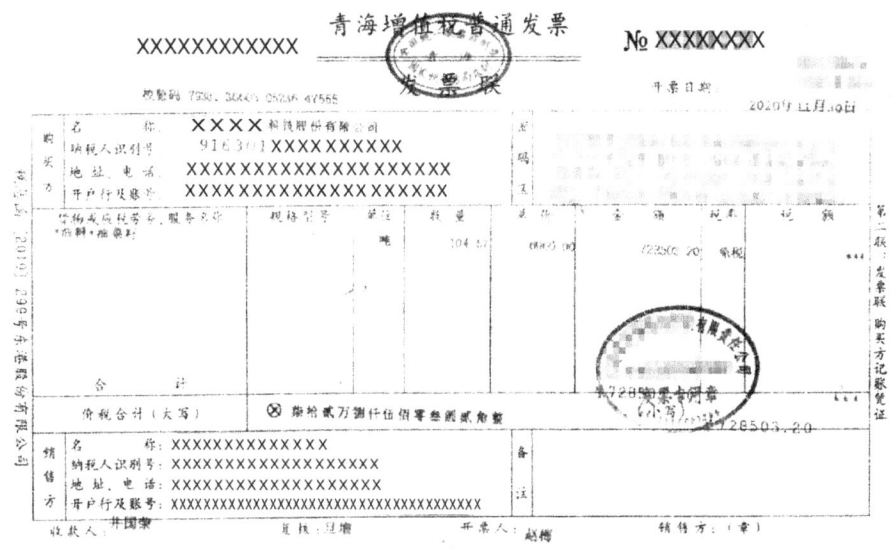

图 4-41 购买有机原料的发票示例

3. 销售证

销售证中购买单位应为委托人,售出单位应为有机原料生产商,销售证开具时间须在认证周期内,销售证开具的数量应足够满足申请人生产用量,如图4-42所示。如销售证和发票显示的全部数量不足以提供足够的生产原料,则颁证的可定标量则只按照已提供相关证明材料的原料量所对应的成品量核定。

图 4-42 有机产品认证证书及有机产品销售证示例

七、本年度相关记录文件

所有记录应有记录人手写签字或加盖公章,如未发生,可暂不提供,待现场检查时提交至检查组。记录要具有可追溯性,提供根据批次号可追溯完整生产过程的加工记录。

1. 原料运输记录

运输记录应包含产品名称、数量、运输时间、运输工具、批次号等信息,且这些信息须与收获记录相对应(如为自有原料),如图4-43所示。

原料运输记录

运输工具	时间	原料名称	批次号	数量(吨)	运输人
人工运输	2021年4月8日	茶鲜叶	QFC1-1	2.3	徐潭发
人工运输	4月9日	茶鲜叶	QFC1-2	2.6	徐潭发
人工运输	4月10日	茶鲜叶	QFC1-3	2.5	徐潭发
人工运输	4月11日	茶鲜叶	QFC1-4	2.85	徐潭发
人工运输	4月12日	茶鲜叶	QFC1-5	2.96	徐潭发
人工运输	4月13日	茶鲜叶	QFC1-6	2.77	徐潭发
人工运输	4月14日	茶鲜叶	QFC2-1	2.95	徐潭发
人工运输	4月15日	茶鲜叶	QFC2-2	2.5	徐潭发
人工运输	4月16日	茶鲜叶	QFC2-3	2.85	徐潭发
人工运输	4月17日	茶鲜叶	QFC2-4	3.1	徐潭发

图4-43 原料运输记录示例

2. 原料入库记录

原料入库记录须标明原料名称、入库时间、入库数量,如图4-44所示。

图4-44 原料入库记录示例

3. 加工过程各工序记录

加工过程各工序记录须体现工序名称、时间、配料名称、批次号、各配料的使用数量、出成率、成品数量，如图4-45所示。

产品加工记录

加工日期	原料名称	原料批次	数量(吨)	辅料名称	辅料用量	出成率(%)	加工损耗(吨)	产品数量(吨)	产品批次	加工人员
2021年4月8日	███	茶鲜叶 QFC1-1	2.3	无	无	20%	1.86	0.44	QLS210408QFC1-1	尹光传
4月9日	███	茶鲜叶 QFC1-2	2.6	无	无	20%	2.07	0.53	QLS210409QFC1-2	尹光传
4月10日	███	茶鲜叶 QFC1-3	2.5	无	无	20%	1.99	0.51	QLS210410QFC1-3	尹光传
4月11日	███	茶鲜叶 QFC1-4	2.85	无	无	20%	2.28	0.57	QLS210411QFC1-4	尹光传
4月12日	███	茶鲜叶 QFC1-5	2.96	无	无	20%	2.36	0.6	QLS210412QFC1-5	尹光传
4月13日	███	茶鲜叶 QFC1-6	2.77	无	无	20%	2.22	0.55	QLS210413QFC1-6	尹光传
4月14日	███	茶鲜叶 QFC2-1	2.95	无	无	20%	2.45	0.6	QLS210414QFC2-1	尹光传
4月15日	███	茶鲜叶 QFC2-2	2.5	无	无	20%	2	0.5	QLS210415QFC2-2	尹光传
4月16日	███	茶鲜叶 QFC2-3	2.85	无	无	20%	2.27	0.58	QLS210416QFC2-3	尹光传
4月17日	███	茶鲜叶 QFC2-4	3.1	无	无	20%	2.48	0.65	QLS210417QFC2-4	尹光传

记录人：尹光传　内检员：苏永　复核人：秦安伟　日期：2021.4.7

图4-45　产品加工记录示例

4. 食品添加剂与加工助剂的购买单据、产品说明书及出入库记录

食品添加剂与加工助剂的种类、成分和使用条件要符合有机标准的要求。其购买单据（发票等）示例如图4-46所示，产品说明书示例如图4-47所示，出入库记录包括来源、购买数量、使用数量、库存数量等内容，如图4-48所示。

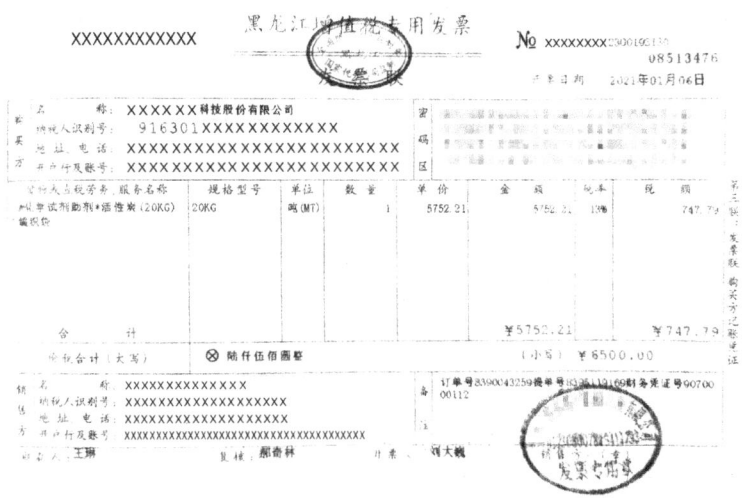

图4-46　购买单据（发票）示例

第四章

COFCC有机产品认证申请文件说明及范例

图 4-47 食品添加剂产品说明书示例

耗材库物料出入库记录

序号	日期	物料名称	批次号	入库数量（千克）	出库数量单位：千克	领料车间/工段	领料人	库存数量（千克）	审核人
1	2020.12	二氧化硅	QDBRT2020/001	1020					宋永名
2	2020.12	二氧化硅	QDBRT2020/001		60	7D	李文国	960	杨龙坤
3	2021.1	二氧化硅	QDBRT2020/001		30	7D	李文国	930	杨龙坤
4	2021.3	二氧化硅	QDBRT2020/001		46	7D	李文国	884	杨龙坤
5	2021.4	二氧化硅	QDBRT2020/001		49	7D	李文国	835	杨龙坤
6	2021.5	二氧化硅	QDBRT2020/001		15	7D	李文国	820	杨龙坤
7	2021.6	二氧化硅	QDBRT2020/001		15	7D	李文国	805	杨龙坤
8	2021.7	二氧化硅	QDBRT2020/001		145.75	7D	李文国	659.25	杨龙坤
9	2021.8	二氧化硅	QDBRT2020/001		63.4	7D	李文国	595.85	杨龙坤
10	2021.10	二氧化硅	QDBRT2020/001		29.6	7D	李文国	566.25	杨龙坤
11	2021.11	二氧化硅	QDBRT2020/001		28.4	7D	李文国	537.85	杨龙坤
12									

图 4-48 食品添加剂与加工助剂出入库记录示例

5. 成品出入库记录

成品出入库记录应至少包括产品名称、出入库时间、数量、批次号,应按品种进行年度汇总,如图4-49所示。

成品入库记录

入库时间	产品名称	数量(吨)	产品批次号	包装方式	包装规格	仓库编号	仓库保管员
2021年5月29日	葡萄酒(生)	1.64	GLS2105 12 PBC 3-5	箱装	1×6瓶	2	(签名)
5月30日	〃	1.45	GLS2105 13 PBC 3-6	〃	〃	〃	〃
6月4日	〃	1.56	GLS2105 14 PBC 3-1	〃	〃	〃	〃
6月5日	〃	1.03	GLS2105 15 PBC 3-2	〃	〃	〃	〃
6月6日	〃	1.36	GLS2105 17 PBC 3-3	〃	〃	〃	〃
6月8日	〃	1.32	GLS2105 17 PBC 3-4	〃	〃	〃	〃
6月9日	〃	1.36	GLS2105 18 PBC 3-5	〃	〃	〃	〃
6月10日	〃	1.52	GLS2105 19 PBC 3-6	〃	〃	〃	〃
6月11日	〃	1.57	GLS2105 20 PBC 3-7	〃	〃	〃	〃
6月13日	〃	1.58	GLS2105 21 PBC 3-8	〃	〃	〃	〃

记录人:(签名)   内检员:(签名)   复核人:(签名)   日期:2021.6.3

图4-49　成品入库记录示例

6. 销售记录

销售记录须体现出生产批号,销售记录的示例可参考本章第一节中的图4-26。

7. 有机标识的使用管理记录

如企业已使用有机码,则记录中应包含产品名称、包装规格、使用有机码的起止码、使用数量、破损数量和库存量等信息。如未使用,则提供相应空白的制式表格加盖公章。有机标识使用管理记录的示例可参考本章第一节中的图4-27。

8. 机械设备清洁记录

机械设备清洁记录包括器具或设备名称,清洁用品名称、配比、用量,清洁时间,清洁工具,操作人员等,如图4-50所示。清洁用品须符合有机标准要求。

机械设备清洁记录

时间	设备清扫方法	清扫人员	记录人
2024年4月5日	人工自来水清洗	尹兴佳、黄兴平	黄兴平
2024年4月27日	人工自来水清洗	徐弟发、启羊权	黄兴平
2024年5月18日	〃	黄兴平、徐弟发	黄兴平
2024年6月2日	〃	启羊权、尹兴佳	黄兴平
2024年6月20日	人工自来水清洗	黄兴平、徐弟发	黄兴平

记录人：黄兴平　　内检员：李永　　复核人：黄这洋　　日期：2024年6月23日

图4-50　机械设备清洁记录示例

9. 加工厂有害生物防治记录

加工厂有害生物防治记录应包括防治对象、防治措施、防治时间、药品名称、施药方法、施药位置、操作人员等，如图4-51所示。防治方法和药品应符合有机标准要求。

防虫防鼠记录

时间	场所	工具、物品	方法	操作人
2024年1月-7月	有机菜加工车间	粘鼠板、沙网	防鼠、防虫进入加工间	杨消建

记录人：杨消建　　内检员：李永　　复核人：黄这洋　　日期：2024年7月5日

图4-51　加工厂有害生物防治记录示例

10. 培训记录

培训记录须提供本年度内的记录，且培训内容应与有机生产相关。培训时间、内容和培训人员手写签字缺一不可。培训记录及其签到表的示例见本章第一节中的图4-28和图4-29。

11. 内部检查记录

内部检查记录需提供本年度内的记录，内部检查员签字，如有平行加工应描述，如图4-52所示。COFCC提供的资料包中包括内部监督检查报告模板。

图 4-52　COFCC 内部监督检查报告（有机加工）示例

12. 产品召回记录

产品召回记录内容包括召回产品的名称、批次号、数量、处理措施，以及召回事件发生的原因分析和预防措施等。如未发生产品召回，也须提供签字的空白表格。召回记录的示例可参考本章第一节中的图4-31。

13. 客户投诉处理记录

客户投诉处理记录内容包括客户投诉的事由、产品批次号、投诉原因分析、处理措施等。如未发生客户投诉，也须提供签字的空白表格。客户投诉处理记录的示例可参考本章第一节中的图4-32。

有机产品认证管理办法

(2013年11月15日国家质量监督检验检疫总局令第155号公布
根据2015年8月25日国家质量监督检验检疫总局令第166号第一次修订
根据2022年9月29日国家市场监督管理总局令第61号第二次修订)

第一章 总 则

第一条 为了维护消费者、生产者和销售者合法权益,进一步提高有机产品质量,加强有机产品认证管理,促进生态环境保护和可持续发展,根据《中华人民共和国产品质量法》《中华人民共和国进出口商品检验法》《中华人民共和国认证认可条例》等法律、行政法规的规定,制定本办法。

第二条 在中华人民共和国境内从事有机产品认证以及获证有机产品生产、加工、进口和销售活动,应当遵守本办法。

第三条 本办法所称有机产品,是指生产、加工和销售符合中国有机产品国家标准的供人类消费、动物食用的产品。

本办法所称有机产品认证,是指认证机构依照本办法的规定,按照有机产品认证规则,对相关产品的生产、加工和销售活动符合中国有机产品国家标准进行的合格评定活动。

第四条 国家市场监督管理总局负责全国有机产品认证的统一管理、监督和综合协调工作。

地方市场监督管理部门负责所辖区域内有机产品认证活动的监督管理工作。

第五条 国家推行统一的有机产品认证制度,实行统一的认证目录、统一的标准和认证实施规则、统一的认证标志。

国家市场监督管理总局负责制定和调整有机产品认证目录、认证实施规则,并对外公布。

第六条 国家市场监督管理总局按照平等互利的原则组织开展有机产品认证国际合作。

开展有机产品认证国际互认活动,应当在国家对外签署的国际合作协议内进行。

第二章 认证实施

第七条 有机产品认证机构(以下简称认证机构)应当依法取得法人资格,并经国家市场监督管理总局批准后,方可从事批准范围内的有机产品认证活动。

认证机构实施认证活动的能力应当符合有关产品认证机构国家标准的要求。

从事有机产品认证检查活动的检查员,应当经国家认证人员注册机构注册后,方可从事有机产品认证检查活动。

第八条 有机产品生产者、加工者(以下统称认证委托人),可以自愿委托认证机构进行有机产品认证,并提交有机产品认证实施规则中规定的申请材料。

认证机构不得受理不符合国家规定的有机产品生产产地环境要求,以及有机产品认证目录外产品的认证委托人的认证委托。

第九条 认证机构应当自收到认证委托人申请材料之日起10日内,完成材料审核,并作出是否受理的决定。对于不予受理的,应当书面通知认证委托人,并说明理由。

认证机构应当在对认证委托人实施现场检查前5日内,将认证委托人、认证检查方案等基本信息报送至国家市场监督管理总局确定的信息系统。

第十条 认证机构受理认证委托后,认证机构应当按照有机产品认证实施规则的规定,由认证检查员对有机产品生产、加工场所进行现场检查,并应当委托具有法定资质的检验检测机构对申请认证的产品进行检验检测。

按照有机产品认证实施规则的规定,需要进行产地(基地)环境监(检)测的,由具有法定资质的监(检)测机构出具监(检)测报告,或者采信认证委托人提供的其他合法有效的环境监(检)测结论。

第十一条 符合有机产品认证要求的,认证机构应当及时向认证委托人出具有机产品认证证书,允许其使用中国有机产品认证标志;对不符合认证要求的,应当书面通知认证委托人,并说明理由。

认证机构及认证人员应当对其作出的认证结论负责。

第十二条 认证机构应当保证认证过程的完整、客观、真实,并对认证过程作出完整记录,归档留存,保证认证过程和结果具有可追溯性。

产品检验检测和环境监(检)测机构应当确保检验检测、监测结论的真实、准确，并对检验检测、监测过程作出完整记录，归档留存。产品检验检测、环境监测机构及其相关人员应当对其作出的检验检测、监测报告的内容和结论负责。

本条规定的记录保存期为5年。

第十三条 认证机构应当按照认证实施规则的规定，对获证产品及其生产、加工过程实施有效跟踪检查，以保证认证结论能够持续符合认证要求。

第十四条 认证机构应当及时向认证委托人出具有机产品销售证，以保证获证产品的认证委托人所销售的有机产品类别、范围和数量与认证证书中的记载一致。

第十五条 有机配料含量（指重量或者液体体积，不包括水和盐，下同）等于或者高于95%的加工产品，应当在获得有机产品认证后，方可在产品或者产品包装及标签上标注"有机"字样，加施有机产品认证标志。

第十六条 认证机构不得对有机配料含量低于95%的加工产品进行有机认证。

第三章　有机产品进口

第十七条 向中国出口有机产品的国家或者地区的有机产品主管机构，可以向国家市场监督管理总局提出有机产品认证体系等效性评估申请，国家市场监督管理总局受理其申请，并组织有关专家对提交的申请进行评估。

评估可以采取文件审查、现场检查等方式进行。

第十八条 向中国出口有机产品的国家或者地区的有机产品认证体系与中国有机产品认证体系等效的，国家市场监督管理总局可以与其主管部门签署相关备忘录。

该国家或者地区出口至中国的有机产品，依照相关备忘录的规定实施管理。

第十九条 未与国家市场监督管理总局就有机产品认证体系等效性方面签署相关备忘录的国家或者地区的进口产品，拟作为有机产品向中国出口时，应当符合中国有机产品相关法律法规和中国有机产品国家标准的要求。

第二十条 需要获得中国有机产品认证的进口产品生产商、销售商、进口商或者代理商（以下统称进口有机产品认证委托人），应当向经国家市场监督管理总局批准的认证机构提出认证委托。

第二十一条 进口有机产品认证委托人应当按照有机产品认证实施规则的规定，向认证机构提交相关申请资料和文件，其中申请书、调查表、加工工艺流程、产品配方和生产、加工过程中使用的投入品等认证申请材料、文件，应当同时提交中文版本。申请材料不符合要求的，认证机构应当不予受理其认证委托。

认证机构从事进口有机产品认证活动应当符合本办法和有机产品认证实施规则的规定，认证检查记录和检查报告等应当有中文版本。

第二十二条　进口有机产品申报入境检验检疫时，应当提交其所获中国有机产品认证证书复印件、有机产品销售证复印件、认证标志和产品标识等文件。

第二十三条　自对进口有机产品认证委托人出具有机产品认证证书起30日内，认证机构应当向国家市场监督管理总局提交以下书面材料：

（一）获证产品类别、范围和数量；

（二）进口有机产品认证委托人的名称、地址和联系方式；

（三）获证产品生产商、进口商的名称、地址和联系方式；

（四）认证证书和检查报告复印件（中外文版本）；

（五）国家市场监督管理总局规定的其他材料。

第四章　认证证书和认证标志

第二十四条　国家市场监督管理总局负责制定有机产品认证证书的基本格式、编号规则和认证标志的式样、编号规则。

第二十五条　认证证书有效期为1年。

第二十六条　认证证书应当包括以下内容：

（一）认证委托人的名称、地址；

（二）获证产品的生产者、加工者以及产地（基地）的名称、地址；

（三）获证产品的数量、产地（基地）面积和产品种类；

（四）认证类别；

（五）依据的国家标准或者技术规范；

（六）认证机构名称及其负责人签字、发证日期、有效期。

第二十七条　获证产品在认证证书有效期内，有下列情形之一的，认证委托人应当在15日内向认证机构申请变更。认证机构应当自收到认证证书变更申请之日起30日内，对认证证书进行变更：

（一）认证委托人或者有机产品生产、加工单位名称或者法人性质发生变更的；

（二）产品种类和数量减少的；

（三）其他需要变更认证证书的情形。

第二十八条　有下列情形之一的，认证机构应当在30日内注销认证证书，并对外公布：

（一）认证证书有效期届满，未申请延续使用的；

（二）获证产品不再生产的；

（三）获证产品的认证委托人申请注销的；

（四）其他需要注销认证证书的情形。

第二十九条 有下列情形之一的，认证机构应当在15日内暂停认证证书，认证证书暂停期为1至3个月，并对外公布：

（一）未按照规定使用认证证书或者认证标志的；

（二）获证产品的生产、加工、销售等活动或者管理体系不符合认证要求，且经认证机构评估在暂停期限内能够采取有效纠正或者纠正措施的；

（三）其他需要暂停认证证书的情形。

第三十条 有下列情形之一的，认证机构应当在7日内撤销认证证书，并对外公布：

（一）获证产品质量不符合国家相关法规、标准强制要求或者被检出有机产品国家标准禁用物质的；

（二）获证产品生产、加工活动中使用了有机产品国家标准禁用物质或者受到禁用物质污染的；

（三）获证产品的认证委托人虚报、瞒报获证所需信息的；

（四）获证产品的认证委托人超范围使用认证标志的；

（五）获证产品的产地（基地）环境质量不符合认证要求的；

（六）获证产品的生产、加工、销售等活动或者管理体系不符合认证要求，且在认证证书暂停期间，未采取有效纠正或者纠正措施的；

（七）获证产品在认证证书标明的生产、加工场所外进行了再次加工、分装、分割的；

（八）获证产品的认证委托人对相关方重大投诉且确有问题未能采取有效处理措施的；

（九）获证产品的认证委托人从事有机产品认证活动因违反国家农产品、食品安全管理相关法律法规，受到相关行政处罚的；

（十）获证产品的认证委托人拒不接受市场监督管理部门或者认证机构对其实施监督的；

（十一）其他需要撤销认证证书的情形。

第三十一条 有机产品认证标志为中国有机产品认证标志。

中国有机产品认证标志标有中文"中国有机产品"字样和英文"ORGANIC"字样。图案如下：

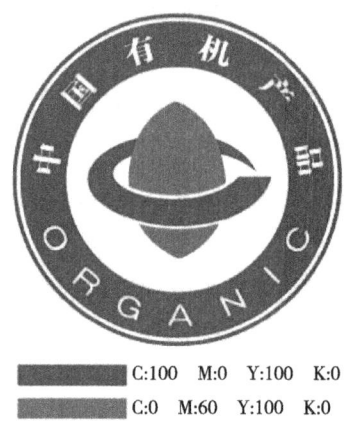

C:100 M:0 Y:100 K:0
C:0 M:60 Y:100 K:0

第三十二条 中国有机产品认证标志应当在认证证书限定的产品类别、范围和数量内使用。

认证机构应当按照国家市场监督管理总局统一的编号规则，对每枚认证标志进行唯一编号（以下简称有机码），并采取有效防伪、追溯技术，确保发放的每枚认证标志能够溯源到其对应的认证证书和获证产品及其生产、加工单位。

第三十三条 获证产品的认证委托人应当在获证产品或者产品的最小销售包装上，加施中国有机产品认证标志、有机码和认证机构名称。

获证产品标签、说明书及广告宣传等材料上可以印制中国有机产品认证标志，并可以按照比例放大或者缩小，但不得变形、变色。

第三十四条 有下列情形之一的，任何单位和个人不得在产品、产品最小销售包装及其标签上标注含有"有机""ORGANIC"等字样且可能误导公众认为该产品为有机产品的文字表述和图案：

（一）未获得有机产品认证的；

（二）获证产品在认证证书标明的生产、加工场所外进行了再次加工、分装、分割的。

第三十五条 认证证书暂停期间，获证产品的认证委托人应当暂停使用认证证书和认证标志；认证证书注销、撤销后，认证委托人应当向认证机构交回认证证书和未使用的认证标志。

第五章　监督管理

第三十六条　国家市场监督管理总局对有机产品认证活动组织实施监督检查和不定期的专项监督检查。

第三十七条　县级以上地方市场监督管理部门应当依法对所辖区域的有机产品认证活动进行监督检查，查处获证有机产品生产、加工、销售活动中的违法行为。

第三十八条　县级以上地方市场监督管理部门的监督检查的方式包括：

（一）对有机产品认证活动是否符合本办法和有机产品认证实施规则规定的监督检查；

（二）对获证产品的监督抽查；

（三）对获证产品认证、生产、加工、进口、销售单位的监督检查；

（四）对有机产品认证证书、认证标志的监督检查；

（五）对有机产品认证咨询活动是否符合相关规定的监督检查；

（六）对有机产品认证和认证咨询活动举报的调查处理；

（七）对违法行为的依法查处。

第三十九条　国家市场监督管理总局通过信息系统，定期公布有机产品认证动态信息。

认证机构在出具认证证书之前，应当按要求及时向信息系统报送有机产品认证相关信息，并获取认证证书编号。

认证机构在发放认证标志之前，应当将认证标志、有机码的相关信息上传到信息系统。

县级以上地方市场监督管理部门通过信息系统，根据认证机构报送和上传的认证相关信息，对所辖区域内开展的有机产品认证活动进行监督检查。

第四十条　获证产品的认证委托人以及有机产品销售单位和个人，在产品生产、加工、包装、贮藏、运输和销售等过程中，应当建立完善的产品质量安全追溯体系和生产、加工、销售记录档案制度。

第四十一条　有机产品销售单位和个人在采购、贮藏、运输、销售有机产品的活动中，应当符合有机产品国家标准的规定，保证销售的有机产品类别、范围和数量与销售证中的产品类别、范围和数量一致，并能够提供与正本内容一致的认证证书和有机产品销售证的复印件，以备相关行政监管部门或者消费者查询。

第四十二条　市场监督管理部门可以根据国家有关部门发布的动植物疫情、

环境污染风险预警等信息，以及监督检查、消费者投诉举报、媒体反映等情况，及时发布关于有机产品认证区域、获证产品及其认证委托人、认证机构的认证风险预警信息，并采取相关应对措施。

第四十三条　获证产品的认证委托人提供虚假信息、违规使用禁用物质、超范围使用有机认证标志，或者出现产品质量安全重大事故的，认证机构5年内不得受理该企业及其生产基地、加工场所的有机产品认证委托。

第四十四条　认证委托人对认证机构的认证结论或者处理决定有异议的，可以向认证机构提出申诉。

第四十五条　任何单位和个人对有机产品认证活动中的违法行为，可以向市场监督管理部门举报。市场监督管理部门应当及时调查处理，并为举报人保密。

第六章　罚　则

第四十六条　伪造、冒用、非法买卖认证标志的，县级以上地方市场监督管理部门依照《中华人民共和国产品质量法》《中华人民共和国进出口商品检验法》及其实施条例等法律、行政法规的规定处罚。

第四十七条　伪造、变造、冒用、非法买卖、转让、涂改认证证书的，县级以上地方市场监督管理部门责令改正，处3万元罚款。

违反本办法第三十九条第二款的规定，认证机构在其出具的认证证书上自行编制认证证书编号的，视为伪造认证证书。

第四十八条　违反本办法第三十四条的规定，在产品或者产品包装及标签上标注含有"有机""ORGANIC"等字样且可能误导公众认为该产品为有机产品的文字表述和图案的，县级以上地方市场监督管理部门责令改正，处3万元以下罚款。

第四十九条　认证机构有下列情形之一的，国家市场监督管理总局应当责令改正，予以警告，并对外公布：

（一）未依照本办法第三十九条第三款的规定，将有机产品认证标志、有机码上传到国家市场监督管理总局确定的信息系统的；

（二）未依照本办法第九条第二款的规定，向国家市场监督管理总局确定的信息系统报送相关认证信息或者其所报送信息失实的；

（三）未依照本办法第二十三条的规定，向国家市场监督管理总局提交相关材料备案的。

第五十条 违反本办法第十六条的规定，认证机构对有机配料含量低于95%的加工产品进行有机认证的，县级以上地方市场监督管理部门责令改正，处3万元以下罚款。

第五十一条 认证机构违反本办法第二十九条、第三十条的规定，未及时暂停或者撤销认证证书并对外公布的，依照《中华人民共和国认证认可条例》第五十九条的规定处罚。

第五十二条 认证机构、获证产品的认证委托人拒绝接受国家市场监督管理总局或者县级以上地方市场监督管理部门监督检查的，责令限期改正；逾期未改正的，处3万元以下罚款。

第五十三条 有机产品认证活动中的其他违法行为，依照有关法律、行政法规、部门规章的规定处罚。

第七章 附 则

第五十四条 有机产品认证收费应当依照国家有关价格法律、行政法规的规定执行。

第五十五条 出口的有机产品，应当符合进口国家或者地区的要求。

第五十六条 本办法所称有机配料，是指在制造或者加工有机产品时使用并存在（包括改性的形式存在）于产品中的任何物质，包括添加剂。

第五十七条 本办法由国家市场监督管理总局负责解释。

第五十八条 本办法自2014年4月1日起施行。国家质检总局2004年11月5日公布的《有机产品认证管理办法》（国家质检总局第67号令）同时废止。

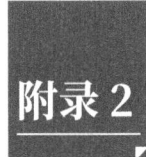

有机产品认证实施规则

编号：CNCA-N-009：2019
（国家认证认可监督管理委员会发布）

1 目的和范围

1.1 为规范有机产品认证活动，根据《中华人民共和国认证认可条例》《认证机构管理办法》和《有机产品认证管理办法》等有关规定制定本规则。

1.2 本规则规定了有机产品认证程序与管理的基本要求。

1.3 在中华人民共和国境内从事有机产品认证以及有机产品生产、加工和经营的活动，应遵守本规则的规定。

未与国家认证认可监督管理委员会（以下简称认监委）就有机产品认证体系等效性方面签署相关备忘录的国家（或地区）的进口有机产品认证，应遵守本规则要求；已与认监委签署相关备忘录的国家（或地区）的进口有机产品认证，应遵守备忘录的相关规定。

1.4 遵守本规则的规定，并不意味着可免除其所承担的法律责任。

2 认证机构要求

2.1 认证机构应具备《中华人民共和国认证认可条例》规定的条件和从事有机产品认证的技术能力，并获得认监委的批准。

2.2 认证机构应建立内部制约、监督和责任机制，使受理、培训（包括相关增值服务）、检查和认证决定等环节相互分开、相互制约和相互监督。

2.3 认证机构不得将认证结果与参与认证检查的检查员及其他人员的薪酬挂钩。

3 认证人员要求

3.1 从事认证活动的人员应具有相关专业教育和工作经历，接受过有机产品生产、加工、经营、食品安全和认证技术等方面的培训，具备相应的知识和技能

3.2 有机产品认证检查员应取得中国认证认可协会的执业注册资质。

3.3 认证机构应对本机构的各类认证人员的能力做出评价，以满足实施相应认证范围的有机产品认证活动的需要。

4 认证依据

GB/T 19630《有机产品生产、加工、标识与管理体系要求》

5 认证程序

5.1 认证机构受理认证申请应至少公开以下信息：

5.1.1 认证资质范围及有效期。

5.1.2 认证程序和认证要求。

5.1.3 认证依据。

5.1.4 认证收费标准。

5.1.5 认证机构和认证委托人的权利与义务。

5.1.6 认证机构处理申诉、投诉和争议的程序。

5.1.7 批准、注销、变更、暂停、恢复和撤销认证证书的规定与程序。

5.1.8 对获证组织正确使用中国有机产品认证标志、有机码、认证证书、销售证和认证机构标识（或名称）的要求。

5.1.9 对获证组织正确宣传有机生产、加工过程及认证产品的要求。

5.2 认证机构受理认证申请的条件

5.2.1 认证委托人及其相关方应取得相关法律法规规定的行政许可（适用时），其生产、加工或经营的产品应符合相关法律法规、标准及规范的要求，并应拥有产品的所有权[①]。

5.2.2 认证委托人建立并实施了有机产品生产、加工和经营管理体系，并有效运行3个月以上。

5.2.3 申请认证的产品应在认监委公布的《有机产品认证目录》内。枸杞产品还应符合附件6的要求。

5.2.4 认证委托人及其相关方在5年内未因以下情形被撤销有机产品认证证书：

（1）提供虚假信息；

（2）使用禁用物质；

---

① 产品的所有权是指认证委托人对产品有占有、使用、收益和处置的权利。

（3）超范围①使用有机认证标志；

（4）出现产品质量安全重大事故。

5.2.5 认证委托人及其相关方一年内未因除 5.2.4 所列情形之外其他情形被认证机构撤销有机产品认证证书。

5.2.6 认证委托人未列入国家信用信息严重失信主体相关名录。

5.2.7 认证委托人应至少提交以下文件和资料。

（1）认证委托人的合法经营资质文件的复印件。

（2）认证委托人及其有机生产、加工、经营的基本情况：

①认证委托人名称、地址、联系方式；不是直接从事有机产品生产、加工的认证委托人，应同时提交与直接从事有机产品的生产、加工者签订的书面合同的复印件及具体从事有机产品生产、加工者的名称、地址、联系方式。

②生产单元/加工/经营场所概况。

③申请认证的产品名称、品种、生产规模包括面积、产量、数量、加工量等；同一生产单元内非申请认证产品和非有机方式生产的产品的基本信息。

④过去3年间的生产历史情况说明材料，如植物生产的病虫草害防治、投入品使用及收获等农事活动描述；野生采集情况的描述；畜禽养殖、水产养殖的饲养方法、疾病防治、投入品使用、动物运输和屠宰等情况的描述。

⑤申请和获得其他认证的情况。

（3）产地（基地）区域范围描述，包括地理位置坐标、地块分布、缓冲带及产地周围临近地块的使用情况；加工场所周边环境描述、厂区平面图、工艺流程图等。

（4）管理手册和操作规程。

（5）本年度有机产品生产、加工、经营计划，上一年度有机产品销售量与销售额（适用时）等。

（6）承诺守法诚信，接受认证机构、认证监管等行政执法部门的监督和检查，保证提供材料真实、执行有机产品标准和有机产品认证实施规则相关要求的声明。

（7）有机转换计划（适用时）。

---

① 范围是指认证范围，包括产品范围、场所范围和过程（生产、加工、经营）范围。其中产品范围是指有机认证涉及的产品名称和数量；场所范围是指认证的所有生产场所、加工场所、经营场所（含办公地、仓储），包括生产基地和加工场所名称、地址和面积或养殖基地规模，以及加工、仓储和经营等场所；过程（生产、加工、经营）范围是指有机生产、加工、经营涉及的生产、收获、加工、运输、储藏等过程。

（8）其他。

5.3 申请材料的审查

对符合5.2要求的认证委托人，认证机构应根据有机产品认证依据、程序等要求，在10个工作日内对提交的申请文件和资料进行审查并作出是否受理的决定，保存审查记录。

5.3.1 审查要求如下：

（1）认证要求规定明确，并形成文件和得到理解；

（2）认证机构和认证委托人之间在理解上的差异得到解决；

（3）对于申请的认证范围，认证委托人的工作场所和任何特殊要求，认证机构均有能力开展认证服务。

5.3.2 申请材料齐全、符合要求的，予以受理认证申请；对不予受理的，应书面通知认证委托人，并说明理由。

5.3.3 认证机构可采取必要措施帮助认证委托人及直接进行有机产品生产、加工、经营者进行技术标准培训，使其正确理解和执行标准要求。

5.4 现场检查准备

5.4.1 根据所申请产品对应的认证范围，认证机构应委派具有相应资质和能力的检查员组成检查组。每个检查组应至少有1名认证范围注册资质的专职检查员。

5.4.2 对同一认证委托人的同一生产单元,认证机构不能连续3年以上（含3年）委派同一检查员实施检查。

5.4.3 认证机构在现场检查前应向检查组下达检查任务书，应包含以下内容：

（1）检查依据，包括认证标准、认证实施规则和其他规范性文件。

（2）检查范围，包括检查的产品范围、场所范围和过程范围等。

（3）检查组组长和成员，计划实施检查的时间。

（4）检查要点，包括投入品的使用、产品包装标识、追溯体系、管理体系实施的有效性和上年度认证机构提出的不符合项（适用时）等。

5.4.4 认证机构可向认证委托人出具现场检查通知书,将检查内容告知认证委托人。

5.4.5 检查组应制定书面的检查计划，经认证机构审定后交认证委托人并获得确认。为确保认证产品生产、加工、经营全过程的完整性，检查计划应：

（1）覆盖所有认证产品的全部生产、加工、经营活动。

（2）覆盖认证产品相关的所有加工场所和工艺类型。

（3）覆盖所有认证产品的二次分装或分割的场所（适用时）、进口产品的境内仓储、加施有机码等场所（适用时）。

（4）对由多个具备土地使用权的农户参与有机生产的组织（如农业合作社组织，或"公司+农户"型组织），应首先安排对组织内部管理体系进行评估，并根据组织的产品种类、生产模式、地理分布和生产季节等因素进行风险评估。根据风险评估结果确定对农户抽样检查的数量和样本，抽样数不应少于农户数量的平方根（如果有小数向上取整）且最少不小于10个；农户数量不超过10个时，应检查全部农户。若认证机构核定的人日数无法满足现场所抽样本的检查，检查组可在认证机构批准的基础上增加人日数。

（5）制定检查计划还应考虑以下因素：

①当地有机产品与非有机产品之间的价格差异。

②申请认证组织内的生产体系和种植或养殖品种、规模、生产模式的差异。

③以往检查中发现的不符合项（适用时）。

④组织内部管理体系的有效性。

⑤再次加工分装分割对认证产品完整性的影响（适用时）。

5.4.6 现场检查时间应安排在申请认证产品的生产、加工、经营过程或易发质量安全风险的阶段。因生产季等原因，认证周期内首次现场检查不能覆盖所有申请认证产品的，应在认证证书有效期内实施现场补充检查。

5.4.7 认证机构应在现场检查前至少提前5日将认证委托人及生产单元、检查安排等基本信息报送到认监委网站"中国食品农产品认证信息系统"。

地方认证监管部门对认证机构提交的检查方案和计划等基本信息有异议的应至少在现场检查前2日提出；认证机构应及时与该部门进行沟通，协调一致后方可实施现场检查。

5.5 现场检查的实施

检查组应根据认证依据对认证委托人建立的管理体系进行评审，核实生产、加工、经营过程与认证委托人按照5.2.7条款所提交的文件的一致性，确认生产、加工、经营过程与认证依据的符合性。

5.5.1 检查过程至少应包括以下内容：

（1）对生产、加工过程、产品和场所的检查，如生产单元有非有机生产、加工或经营时，也应关注其对有机生产、加工或经营的可能影响及控制措施。

（2）对生产、加工、经营管理人员、内部检查员、操作者进行访谈。

（3）对GB/T 19630所规定的管理体系文件与记录进行审核。

（4）对认证产品的产量与销售量进行衡算。

（5）对产品追溯体系、认证标识和销售证的使用管理进行验证。

（6）对内部检查和持续改进进行评估。

（7）对产地和生产加工环境质量状况进行确认，评估对有机生产、加工的潜在污染风险。

（8）采集必要的样品。

（9）对上一年度提出的不符合项采取的纠正和纠正措施进行验证（适用时）。

检查组在结束检查前，应对检查情况进行总结，向受检查方和认证委托人确认检查发现的不符合项。

5.5.2 样品检测

（1）认证机构应编制抽样检测的技术文件，对抽样检测的项目、频次、方法、过程等作出要求。

（2）认证机构应对申请生产、加工认证的所有产品抽样检测，在风险评估基础上确定需检测的项目。对植物生产认证，必要时可对其生长期植物组织进行抽样检测。如果认证委托人生产的产品仅作为该委托人认证加工产品的唯一配料，且经认证机构风险评估后配料和终产品检测项目相同或相近时，则应至少对终产品进行抽样检测。

认证证书发放前无法采集样品并送检的，应在证书有效期内安排抽样检测并得到检测结果。

（3）认证机构应委托具备法定资质的检验检测机构进行样品检测。

（4）产品生产、加工场所在境外，产品因出入境检验检疫要求等原因无法委托境内检验检测机构进行检测，可委托境外第三方检验检测机构进行检测。该检验检测机构应符合ISO/IEC 17025《检测和校准实验室能力的通用要求》的要求。对于再认证产品，可在换发证书有效期内的产品入境后由认证机构抽样，委托境内检验检测机构进行检测，检测结果不符合认证要求的，应立即暂停或撤销证书。

（5）有机生产或加工中允许使用物质的残留量应符合相关法律法规或强制性标准的规定。有机生产和加工中禁止使用的物质不得检出。

5.5.3 对产地环境质量状况的检查

认证委托人或其生产、加工操作的分包方应出具有资质的监测（检测）机构对产地环境质量进行的监测（检测）报告。产地环境空气质量可采信县级以上（含县级）生态环境部门公布的当地环境空气质量信息或出具其他证明性材料，以证明产地的环境质量状况符合GB/T 19630规定的要求。

进口产品的产地环境检测委托人应为认证委托人或其生产、加工操作的分包方。检查员可结合现场检查实际情况评估是否接受认证委托人已有的土壤、灌溉水、畜禽饮用水、生产加工用水等有效的检测报告。如否，应按照GB/T 19630的要求进行检测，检测机构可以是符合ISO/IEC 17025《检测和校准实验室能力的通用要求》要求的境外检测机构。关于环境空气质量，认证机构应根据现场检查实际情况，结合当地官方网站、大气监控数据或报告等内容，确认是否符合GB/T 19630规定的要求。

5.5.4 对有机转换的检查

（1）多年生作物存在平行生产时，认证委托人应制定有机转换计划，并事先获得认证机构确认。在开始实施转换计划后，每年须经认证机构派出的检查组核实、确认。未按转换计划完成转换并经现场检查确认的地块不能获得认证。

（2）未能保持有机认证的生产单元，须重新经过有机转换才能再次获得有机认证，且不应缩短转换期。

（3）有机产品认证转换期起始日期不应早于认证机构受理申请日期。

（4）对于获得国外有机产品认证连续4年以上（含4年）的进口有机产品的国外种植基地，且认证机构现场检查确认其符合GB/T 19630要求，可在风险评估的基础上免除转换期。

5.5.5 对投入品的检查

（1）有机生产或加工过程中允许使用GB/T 19630附录列出的物质。

（2）对未列入GB/T 19630附录中的物质，认监委可在专家评估的基础上公布有机生产、加工投入品临时补充列表。

5.5.6 检查报告

（1）认证机构应规定本机构的检查报告的基本格式。

（2）检查报告应叙述5.5.1至5.5.5列明的各项要求的检查情况，就检查证据、检查发现和检查结论逐一进行描述。

对识别出的不符合项，应用写实的方法准确、具体、清晰描述，以易于认证委托人及其相关方理解。不得用概念化的、不确定的、含糊的语言表述不符合项。

（3）检查报告应随附必要的证据或记录，包括文字或照片或音视频等资料。

（4）检查组应通过检查报告提供充分信息对认证委托人执行标准的总体情况作评价，对是否通过认证提出意见建议。

（5）认证机构应将检查报告提交给认证委托人。

5.6 认证决定

5.6.1 认证机构应在现场检查、产地环境质量和产品检测结果综合评估的基础上作出认证决定，同时考虑产品生产、加工、经营特点，认证委托人及其相关方管理体系的有效性，当地农兽药使用、环境保护、区域性社会或认证委托人质量诚信状况等情况。

5.6.2 对符合以下要求的认证委托人，认证机构应颁发认证证书（基本格式见附件1和附件2）。

（1）生产、加工或经营活动、管理体系及其他检查证据符合本规则和认证标准的要求。

（2）生产、加工或经营活动、管理体系及其他检查证据虽不完全符合本规则和认证依据标准的要求，但认证委托人已经在规定的期限内完成了不符合项纠正和（或）纠正措施，并通过认证机构验证。

5.6.3 认证委托人的生产、加工或经营活动存在以下情况之一，认证机构不应批准认证。

（1）提供虚假信息，不诚信的。

（2）未建立管理体系或建立的管理体系未有效实施的。

（3）列入国家信用信息严重失信主体相关名录。

（4）生产、加工或经营过程使用了禁用物质或者受到禁用物质污染的。

（5）产品检测发现存在禁用物质的。

（6）申请认证的产品质量不符合国家相关法律法规和（或）技术标准强制要求的。

（7）存在认证现场检查场所外进行再次加工、分装、分割情况的。

（8）一年内出现重大产品质量安全问题，或因产品质量安全问题被撤销有机产品认证证书的。

（9）未在规定的期限完成不符合项纠正和（或）纠正措施，或提交的纠正和（或）纠正措施未满足认证要求的。

（10）经检测（监测）机构检测（监测）证明产地环境受到污染的。

（11）其他不符合本规则和（或）有机产品标准要求，且无法纠正的。

5.6.4 申诉

认证委托人如对认证决定结果有异议，可在10日内向认证机构申诉，认证机构自收到申诉之日起，应在30日内处理并将处理结果书面通知认证委托人。

认证委托人如认为认证机构的行为严重侵害了自身合法权益，可以直接向各级认证监管部门申诉。

6 认证后管理

6.1 认证机构应每年对获证组织至少安排一次获证后的现场检查。认证机构应根据获证产品种类和风险、生产企业管理体系的有效性、当地质量安全诚信水平总体情况等，科学确定现场检查频次及项目。同一认证的品种在证书有效期内如有多个生产季的，则至少需要安排一次获证后的现场检查。

认证机构应在风险评估的基础上每年至少对5%的获证组织实施一次不通知检查，实施不通知检查时应在现场检查前48小时内通知获证组织。

6.2 认证机构应及时了解和掌握获证组织变更信息，对获证组织实施有效跟踪，以保证其持续符合认证的要求。

6.3 认证机构在与认证委托人签订的合同中，应明确约定获证组织需建立信息通报制度，及时向认证机构通报以下信息：

6.3.1 法律地位、经营状况、组织状态或所有权变更的信息。

6.3.2 获证组织管理层、联系地址变更的信息。

6.3.3 有机产品管理体系、生产、加工、经营状况、过程或生产加工场所变更的信息。

6.3.4 获证产品的生产、加工、经营场所周围发生重大动植物疫情、环境污染的信息。

6.3.5 生产、加工、经营及销售中发生的产品质量安全重要信息，如相关部门抽查发现存在严重质量安全问题或消费者重大投诉等。

6.3.6 获证组织因违反国家农产品、食品安全管理相关法律法规而受到处罚。

6.3.7 采购的配料或产品存在不符合认证依据要求的情况。

6.3.8 不合格品撤回及处理的信息。

6.3.9 销售证的使用情况。

6.3.10 其他重要信息。

6.4 销售证和有机码

6.4.1 销售证是获证产品所有人提供给买方的交易证明。认证机构应制定销售证的申请和办理程序，在获证组织销售获证产品过程中（前）向认证机构申请销售证（基本格式见附件3），以保证有机产品销售过程数量可控、可追溯。对于使用了有机码的产品，认证机构可不颁发销售证。

6.4.2 认证机构应对获证组织与购买方签订的供货协议的认证产品范围和数量、发票、发货凭证（适用时）等进行审核。对符合要求的颁发有机产品销售证；对不符合要求的应监督其整改，否则不能颁发销售证。

6.4.3 销售证由获证组织交给购买方。获证组织应保存已颁发的销售证的复印件，以备认证机构审核。

6.4.4 认证机构可按照有机配料的可获得性，核定使用外购有机配料的加工认证证书有效期内的产量，但应按外购有机配料批次与实际加工的产品数量发放有机码或颁发销售证。

6.4.5 认证机构应按照编号规则（见附件5），对有机码进行编号，并采取有效防伪、追溯技术，确保发放的每个有机码能够溯源到其对应的认证证书和获证产品及其生产、加工单位。

认证机构不得向仅获得有机产品经营认证的认证委托人发放有机码。

6.4.6 认证机构对其颁发的销售证和有机码的正确使用负有监督管理的责任。

7 再认证

7.1 获证组织应至少在认证证书有效期结束前3个月向认证机构提出再认证申请。

获证组织的有机产品管理体系和生产、加工过程未发生变更时，认证机构可适当简化申请评审和文件评审程序。

7.2 认证机构应在认证证书有效期内进行再认证检查。

因生产季或重大自然灾害的原因，不能在认证证书有效期内安排再认证检查的，获证组织应在证书有效期内向认证机构提出书面申请说明原因。经认证机构确认，再认证可在认证证书有效期后的3个月内实施，但不得超过3个月，在此期间内生产的产品不得作为有机产品进行销售。

7.3 对超过3个月仍不能再认证的生产单元，应按初次认证实施。

8 认证证书、认证标志的管理

8.1 认证证书基本格式

有机产品认证证书有效期最长为12个月。再认证有机产品认证证书有效期，不超过最近一次有效认证证书截止日期再加12个月。认证证书基本格式应符合本规则附件1、附件2的要求。经授权使用他人商标的获证组织，应在其有机认证证书中标明相应产品获许授权使用的商标信息。

认证证书的编号应从认监委网站"中国食品农产品认证信息系统"中获取，编号规则见附件4。认证机构不得仅依据本机构编制的证书编号发放认证证书。

8.2 认证证书的变更

按照《有机产品认证管理办法》第二十八条实施。

8.3 认证证书的注销

按照《有机产品认证管理办法》第二十九条实施。

8.4 认证证书的暂停

按照《有机产品认证管理办法》第三十条实施。

8.5 认证证书的撤销

按照《有机产品认证管理办法》第三十一条实施。

8.6 认证证书的恢复

8.6.1 认证证书被注销或撤销后，认证机构不能以任何理由恢复认证证书。

8.6.2 认证证书被暂停的，须在证书暂停期满且完成对不符合项的纠正或纠正措施并确认后，认证机构方可恢复认证证书。

8.7 认证证书与标志使用

8.7.1 获得有机转换认证证书的产品只能按常规产品销售，不得使用中国有机产品认证标志以及标注"有机""ORGANIC"等字样和图案。

8.7.2 认证证书暂停期间，认证机构应通知并监督获证组织停止使用有机产品认证证书和标志，获证组织同时应封存带有机产品认证标志的相应批次产品。

8.8 认证证书被注销或撤销的，获证组织应将注销、撤销的有机产品认证证书和未使用的标志交回认证机构，或由获证组织在认证机构的监督下销毁剩余标志和带有有机产品认证标志的产品包装，必要时，获证组织应召回相应批次带有有机产品认证标志的产品。

8.9 认证机构有责任和义务采取有效措施避免各类无效的认证证书和标志被继续使用。

对于无法收回的证书和标志，认证机构应及时在相关媒体和网站上公布注销或撤销认证证书的决定，声明证书及标志作废。

9 信息报告

9.1 认证机构应及时向认监委网站"中国食品农产品认证信息系统"填报认证活动的信息。

9.2 认证机构应在10日内将暂停、撤销认证证书相关组织的名单及暂停、撤销原因等，通过认监委网站"中国食品农产品认证信息系统"向认监委报告，并向社会公布。

9.3 认证机构在获知获证组织发生产品质量安全事故后，应及时将相关信息向认监委和获证组织所在地的认证监管部门通报。

9.4 认证机构应于每年3月底之前将上一年度有机认证工作报告报送认监委。报告内容至少包括：颁证数量、获证产品质量分析、暂停和撤销认证证书清单及原因分析等。

10 认证收费

认证机构应根据相关规定收取认证费用。

附件：1. 有机产品认证证书基本格式
   2. 有机转换认证证书基本格式
   3. 有机产品销售证基本格式
   4. 有机产品认证证书编号规则
   5. 国家有机产品认证标志编码规则
   6. 有机枸杞认证补充要求（试行）

附件1

有机产品认证证书基本格式

证书编号：

有机产品认证证书

认证委托人（证书持有人）名称：

地址：

生产（加工/经营）企业名称：

地址：

有机产品认证的类别：生产/加工/经营（生产类注明植物生产、野生采集、食用菌栽培、畜禽养殖、水产养殖具体类别）

认证依据：GB/T 19630《有机产品　生产、加工、标识与管理体系要求》

认证范围：

序号	基地（加工厂/经营场所）名称	基地（加工厂/经营场所）地址	基地面积	产品名称	产品描述	生产规模	产量

（可设附件描述，附件与本证书同等效力）

注：1. 经营是指不改变产品包装的有机产品储存、运输和（或）贸易活动。
　　2. 产品名称是指对应产品在《有机产品认证目录》中的名称；产品描述是指产品的商品名（含商标信息）。
　　3. 生产规模适用于养殖，指养殖动物的数量。

以上产品及其生产（加工/经营）过程符合有机产品认证实施规则的要求，特发此证。

初次发证日期：　　年　　月　　日

本次发证日期：　　年　　月　　日

证书有效期：　　年　　月　　日至　　年　　月　　日

负责人（签字）：　　　　　　　　　　（认证机构印章）

认证机构名称：

认证机构地址：

联系电话：

　　（认证机构标识）　　　　　　（认可标志）

附件2

有机转换认证证书基本格式

证书编号：

有机转换认证证书

认证委托人（证书持有人）名称：

地址：

生产（加工）企业名称：

地址：

有机产品认证的类别：生产/加工（生产类注明植物生产、野生采集、食用菌栽培、畜禽养殖、水产养殖具体类别）

认证依据：GB/T 19630《有机产品　生产、加工、标识与管理体系要求》

认证范围：

序号	基地（加工厂）名称	基地（加工厂）地址	基地面积	产品名称	产品描述	生产规模	产量

（可设附件描述，附件与本证书同等效力）

注：1. 产品名称是指对应产品在《有机产品认证目录》中的名称；产品描述是指产品的商品名。
　　2. 生产规模适用于养殖，指养殖动物的数量。

以上产品及其生产（加工）过程符合有机产品认证实施规则的要求，特发此证。

初次发证日期：　　年　　月　　日

转换期起始时间：　　年　　月　　日

本次发证日期：　　年　　月　　日

证书有效期：　　年　　月　　日至　　年　　月　　日

负责人（签字）：　　　　　　　（认证机构印章）

认证机构名称：

认证机构地址：

联系电话：

　　　（认证机构标识）　　　　　　（认可标志）

注：依据《有机产品认证管理办法》规定，获得有机转换认证的产品不得使用中国有机产品认证标志及标注含有"有机""ORGANIC"等字样的文字表述和图案。

附件 3

有机产品销售证基本格式

有机产品销售证

编号（TC#）：

认证证书编号：

认证类别：

认证委托人（证书持有人）名称：

产品名称：

产品描述：

购买单位：

数（重）量：

产品批号：

发票号：

合同号：

交易日期：

售出单位：

此证书仅对购买单位和获得中国有机产品认证的产品交易有效。

发证日期：　　　年　　　月　　　日

负责人（签字）：　　　　　　　（认证机构印章）

认证机构名称：

认证机构地址：

联系电话：

附件4

有机产品认证证书编号规则

有机产品认证采用统一的认证证书编号规则。认证机构在食品农产品系统中录入认证证书、检查组、检查报告、现场检查照片等方面相关信息后,经格式校验合格后,由系统自动赋予认证证书编号,认证机构不得自行编号。

示例:

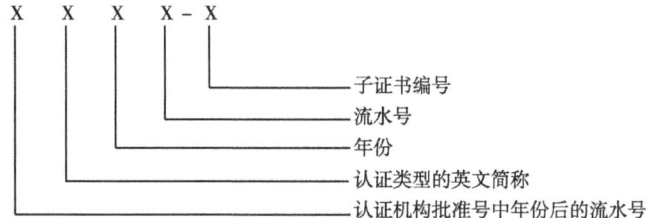

一、认证机构批准号中年份后的流水号

认证机构批准号的编号格式为"CNCA-R/RF-年份-流水号",其中R表示内资认证机构,RF表示外资认证机构,年份为4位阿拉伯数字,流水号是内资、外资分别流水编号。

内资认证机构认证证书编号为该机构批准号的3位阿拉伯数字批准流水号;外资认证机构认证证书编号为F+该机构批准号的2位阿拉伯数字批准流水号。

二、认证类型的英文简称

有机产品认证英文简称为OP。

三、年　份

采用年份的最后2位数字,例如2019年为19。

四、流水号

为某认证机构在某个年份该认证类型的流水号,5位阿拉伯数字。

五、子证书编号

如果某张证书有子证书,那么在母证书号后加"-"和子证书顺序的阿拉伯数字。

六、其　他

再认证时,证书号不变。

附件5

国家有机产品认证标志编码规则

为保证国家有机产品认证标志的基本防伪与追溯,防止假冒认证标志和获证产品的发生,各认证机构在向获证组织发放认证标志或允许获证组织在产品标签上印制认证标志时,应赋予每枚认证标志一个唯一的编码(有机码),其编码由认证机构代码、认证标志发放年份代码和认证标志发放随机码组成。

示例:

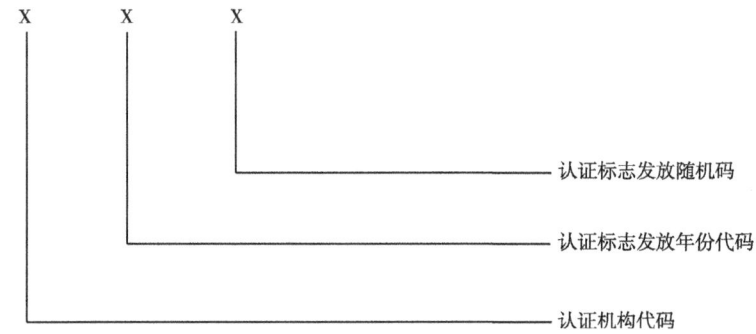

一、认证机构代码(3位)

认证机构代码由认证机构批准号后三位代码形成。内资认证机构为该认证机构批准号的3位阿拉伯数字批准流水号;外资认证机构为9+该认证机构批准号的2位阿拉伯数字批准流水号。

二、认证标志发放年份代码(2位)

采用年份的最后2位数字,例如2019年为19。

三、认证标志发放随机码(12位)

该代码是认证机构发放认证标志数量的12位阿拉伯数字随机号码。数字产生的随机规则由各认证机构自行制定。

附件6

有机枸杞认证补充要求（试行）

本附件是按照本规则对枸杞实施有机产品认证的补充要求。

一、生产单元要求

（一）有机枸杞生产单元与周边常规农业缓冲带的设置，应充分考虑环境因素（如有机生产单元在山坡中的位置、周边常规农业的施药情况等）和气候条件（如高风险季节的风速、风向等），以保证有机生产的完整性。如地势平坦、周边为常规粮食作物的，缓冲带应大于30米；地势平坦，周边为常规果树和常规枸杞园的，缓冲带应大于50米。

（二）认证委托人应提供每个有机枸杞生产单元边界的四至地理坐标信息，周边500米范围内存在常规枸杞生产单元的，还应提供常规枸杞生产单元的地理坐标信息。

（三）有机生产单元内应配备可识别的专用生产工具，包括专用植保机械、采摘箱（筐）、晾晒（烘干）果毡子（果盘）等。

二、文件和记录要求

（一）认证委托人应在有机枸杞生产技术规程中针对主要病虫草害制定有效的防治措施，包括但不限于：

（1）枸杞木虱、枸杞瘿螨、枸杞蚜虫、枸杞负泥虫、枸杞红瘿蚊、枸杞实蝇、枸杞蓟马等虫害的防治措施。

（2）枸杞黑果病（炭疽病）、枸杞白粉病等病害的防治措施。

（3）草害的防治措施。

（二）认证委托人应建立并保留以下生产过程中的记录及相关符合性文件，除符合GB/T 19630要求，还应符合以下要求：

（1）自制堆肥的原料采购记录（至少包含原料名称、销售单位名称与联系方式等信息）、采购票据、堆制过程照片（含操作人姓名及联系方式、堆制时间、经纬度信息）等。

（2）外购土壤培肥和改良物质的采购记录（至少包含生产厂家及联系方式、出厂日期/批次号等信息）、有机生产中允许使用的符合性文件、包装物照片等。

（3）外购植保产品的采购记录（至少包含生产厂家名称及联系方式、出厂日期/批次号等信息）、有机生产中允许使用的符合性文件、包装物照片等。

（4）在认证机构现场检查前，认证委托人应保留所有外购土壤培肥和改良物质、植保产品的包装物。销毁或处理投入品包装物时，应保留销毁/处理记录（包括操作人姓名及联系方式、处理时间、产品名称、数量、产品批次号等信息）及销毁/处理照片（含时间、经纬度信息）等。

（5）相关照片不得使用软件处理，保存期至少为5年。

三、认证实施要求

（一）现场检查时间应安排在枸杞生产的高风险时期。认证机构应每年对获证组织至少实施一次不通知检查，通常情况下，青海、新疆、西藏枸杞产区的高风险时期为6月1日至7月1日，宁夏、甘肃、内蒙古及其他枸杞产区的高风险时期为5月1日至6月1日。

（二）除实施规则5.5.1要求的内容外，现场检查时还应包括以下内容：

（1）对自制有机肥堆肥场所的检查（适用时）。

（2）采用滴灌设施的，应检查滴灌系统是否有混肥装置及施用肥料种类。

（3）根据投入品建议使用浓度和种植面积，核算采购量是否符合生产实际需要。

（4）核实认证委托人实际使用投入品的品种、成分、数量与生产技术规程的一致性。

（三）产量衡算要求

认证机构应在充分考虑种植品种、种植模式、树龄、管理水平、当年气候条件和前几年的产量等因素的基础上，对枸杞进行产量衡算。

枸杞种植品种为宁杞1号，1年生苗定植建园，种植模式为每亩（667米^2）220～280株时，每亩干果产量估算如下：放弃管理的枸杞园和建园第一年产量可以忽略不计；第二年产量不宜超过15千克/亩，第三年产量不宜超过30千克/亩，第四年产量不宜超过50千克/亩，第五年产量不宜超过100千克/亩，第六年及以后产量不宜超过200千克/亩。

（四）样品检测

认证机构应对申请生产、加工认证的所有产品及其生长期植物组织抽样检验检测，在风险评估基础上确定需检测的项目。认证机构应保留备用枸杞干果样品至少1千克，至少低温（-18℃）保存12个月。

必要时，认证机构可对认证委托人生产单元的枸杞植物组织、土壤、生产中使用的肥料和植保投入品等进行抽样检测，其检测结果可作为认证机构判定的参考。检测项目应由检查组现场在风险评估的基础上确定，至少包含规定的检测内容。取样方式和检测项目可参考：

（1）土壤抽取样品为枸杞树冠垂直投影范围内表层3~5厘米土壤，且至少为5个样品的混合样。检测项目应包含产品的农残检测种类，禁用物质不得检出。

（2）肥料抽取样品可于高风险期不通知现场检查时从生产单元内的枸杞树下施肥点实地取样，且至少为5个样品的混合样。检测项目至少包括速效氮、磷、钾，与同类发酵有机肥做比对。

（3）植保投入品抽取样品可从用过的植保机械药箱残液中取样，取样时覆盖所有的植保机械，等比例混合。以混合的药箱残液浸泡低温保存留样的枸杞干果至少5秒钟，取出控水，现场干燥后送检，禁用物质不得检出。

四、认证后的管理

对获证产品在市场上有销售情形的，认证机构应从市场销售渠道购买至少3个不同产品（生产日期/销售来源/包装规格），进行等比例混样后送检。检测项目按照产品检测的要求执行。

附录3

有机产品认证目录

（2022年12月23日市场监管总局修订公布）

大类	产品类别	序号	产品子类别	产品范围	备注
生产——植物类和食用菌类（含野生采集）	谷物	1	小麦	小麦	
		2	玉米	玉米	
		3	稻谷	稻谷	
		4	其他谷物	高粱，大麦，青稞，莜麦，燕麦，黍（糜子），粟（谷子），薏苡，荞麦，苦荞麦，藜麦，红稗，穇子	
	蔬菜	5	薯芋类	阳芋（马铃薯、土豆、洋芋），木薯，甘薯，番薯，薯蓣（山药），葛，芋，磨芋（魔芋），菊芋，蕉芋（旱藕）	
		6	豆类蔬菜	蚕豆，大豆（毛豆），豌豆，菜豆，刀豆，扁豆，豇豆，刺毛黧豆（黎豆），四棱豆	豇豆包括长豇豆、短豇豆
		7	瓜类蔬菜	黄瓜，冬瓜，丝瓜，西葫芦，甜瓜，笋瓜，葫芦，苦瓜，南瓜，佛手瓜，蛇瓜	冬瓜包括节瓜；甜瓜包括菜瓜、越瓜；葫芦包括瓠瓜
		8	白菜类蔬菜	白菜，菜薹	白菜包括水晶菜

附录 3
有机产品认证目录

（续表）

大类	产品类别	序号	产品子类别	产品范围	备注
生产——植物类和食用菌类（含野生采集）	蔬菜	9	绿叶蔬菜	莴苣，苋，茼蒿，菠菜，旱芹（芹菜、药芹），败酱（苦菜），攀倒甑（苦菜），苦芥（苦菜），高鳝菜（苦菜），江南山梗菜（苦菜），乳苣（苦菜），菊苣，苦苣菜，蒌蒿（芦蒿），蕹菜，紫苜蓿（苜蓿），紫背天葵，罗勒，荆芥，塌棵菜（乌塌菜），茅（茅菜），茴香，芸薹，甜菜（叶蓊菜），猪毛菜，冬葵（寒菜），番杏，藜（灰灰菜），榆钱菠菜，落葵（木耳菜），紫苏，莳萝，芫荽（香菜），野菊（菊花脑），珍珠菜，费菜（养心菜），长蒴黄麻（帝王菜），芦荟，盐角草（海蓬子），碱蓬，冰叶日中花（冰菜），土人参（人参菜），马兰	莴苣包括生菜、莴笋
		10	新鲜根茎类蔬菜	芜青，萝卜，牛蒡，石刁柏（芦笋），胡萝卜，蕺菜（鱼腥草）	
		11	新鲜甘蓝类蔬菜	芥蓝，甘蓝	甘蓝包括花菜
		12	新鲜芥菜类蔬菜	芥菜	
		13	新鲜茄果类蔬菜	辣椒，番茄（西红柿），茄，树番茄（人参果），咖啡黄葵（秋葵）	
		14	葱蒜类蔬菜	葱，韭，蒜，姜，洋葱，山韭（岩葱），蒙古韭（沙葱）	

(续表)

大类	产品类别	序号	产品子类别	产品范围	备注
生产——植物类和食用菌类（含野生采集）	蔬菜	15	多年生蔬菜	笋，百合，黄花菜（金针菜），菜蓟（朝鲜蓟），香椿，辣木，荨麻，龙蒿（椒蒿），刺五加，蘘荷，圆叶大黄（食用大黄），迷果芹（山丹黄参），无果枸杞	
		16	水生类蔬菜	莲（莲藕），菰（茭白），荸荠，菱，水芹，慈姑，豆瓣菜，莼菜，芡实，香蒲（蒲菜），水芋	
		17	芽苗类蔬菜	芽苗菜	
		18	蕨类蔬菜	蕨	
	食用菌和园艺作物	19	食用菌	菇类，木耳，银耳，块菌类，北虫草，灵芝	
		20	花卉	菊花，木槿花，木芙蓉花（芙蓉花），海棠花，百合花，山茶花，茉莉花，玉兰花，白兰花，栀子花，木樨花（桂花），丁香花，玫瑰花，月季花，桃花，米仔兰花（米兰花），金粟兰花（珠兰花），芦荟，牡丹，芍药花，牵牛花，麦冬，鸡冠花，凤仙花，高山犁头尖（贝母），忍冬（金银花），莲花，藿香蓟，水仙花，蜡梅（腊梅），霸王花，紫藤花，黄蜀葵（金花葵），两色金鸡菊（雪菊），梨果仙人掌，睡莲，甘菊，秦艽，石斛，红豆杉，贝母，杜鹃，车前，龙胆，南欧丹参（香紫苏），郁金香	

附录 3
有机产品认证目录

（续表）

大类	产品类别	序号	产品子类别	产品范围	备注
生产——植物类和食用菌类（含野生采集）	水果	21	仁果类和核果类水果	苹果，花红（沙果），红厚壳（海棠果），梨，桃，枣，杏，梅，樱桃，李，山楂，枇杷，欧李（高钙果）	
		22	葡萄	葡萄	
		23	柑橘类	桔，橘，柑类，橙，柚，柠檬	
		24	香蕉等亚热带水果	香蕉，菠萝，杧果（芒果）	
		25	其他水果	杨梅，草莓，黑茶藨子（黑豆果、黑加仑），橄榄，猕猴桃，椰子，番石榴，荔枝，龙眼，阳桃（杨桃），波罗蜜，量天尺（火龙果），红毛丹，西番莲，洋蒲桃（莲雾），面包果，榴莲，莽吉柿（山竹），海枣，柿，石榴，桑椹，酸浆，沙棘，无花果，蓝莓，黑莓，山莓（树莓），越橘，雪莲果，海滨木巴戟（诺尼果），红涩石楠（黑果腺肋花楸），黑老虎（布福娜），蓝靛果，神秘果，番荔枝，西瓜，甜瓜，木瓜，树葡萄（嘉宝果），芭蕉，泡泡果，酸豆（酸角），鳄梨（牛油果）	
	坚果；含油果；香料（调香的植物）和饮料作物	26	坚果	核桃，板栗，榛子，瓜子，杏仁，咖啡，椰子，银杏果，芡实，腰果，槟榔，开心果，巴旦木果，香榧，苦楮果，栝蒌，澳洲坚果，角豆，可可，美国山核桃（碧根果）	

(续表)

大类	产品类别	序号	产品子类别	产品范围	备注
生产——植物类和食用菌类（含野生采集）	坚果；含油果；香料（调香的植物）和饮料作物	27	含油果	油茶，橄榄，油棕（油棕桐），油桐，椰子	
		28	调香的作物	薰衣草，迷迭香，柠檬草（柠檬香茅），橙香木（柠檬马鞭草），藿香，鼠尾草，地榆（小地榆），天竺葵，紫丁香，艾，佛手柑，啤酒花	
		29	茶叶	茶	
		30	其他饮料作物	苦丁茶，杜仲，柿，桑，银杏，野菊花，菊花，薄荷，大麦，蛇葡萄（藤茶），木姜叶柯，白木香叶，巴拉圭冬青，金花茶，流苏树，亮叶杨桐	
	豆类；油料和薯类	31	豆类	大豆，花豆，鹰嘴豆，豇豆（饭豆），兵豆（扁豆、小扁豆、鸡豌豆、滨豆、小金扁豆），羽扇豆，瓜儿豆，棉豆（利马豆），菜豆（芸豆），木豆，赤豆（红豆、红小豆、褐红豆），赤小豆（米豆、饭豆、褐红豆），绿豆	大豆包括黑豆、青豆；豇豆包括长豇豆、短豇豆
		32	油料	油菜籽，芝麻，花生，茶籽，葵花籽，红花籽，油棕果，亚麻籽，南瓜籽，月见草籽，大麻籽，赤麻籽（线麻籽），玫瑰果，琉璃苣籽，苜蓿籽，紫苏籽，翅果油树，扁核木（青刺果），南美油藤，元宝枫，油莎草，文冠果，橡籽	
		33	薯类	阳芋（马铃薯、土豆、洋芋），木薯，番薯（红薯、地瓜），甘薯，薯蓣（山药），葛，芋，磨芋（魔芋），菊芋，蕉芋（旱藕）	

(续表)

大类	产品类别	序号	产品子类别	产品范围	备注
生产——植物类和食用菌类（含野生采集）	香辛料作物	34	香辛料作物	花椒，青花椒，胡椒，月桂，肉桂，紫丁香，众香子，香荚兰豆，肉豆蔻，百里香，迷迭香，八角，茴香，孜然芹（孜然），裂叶荆芥（小茴香），甘草，薄荷，姜黄，芝麻菜，山萮菜（山葵），辣根，草果，神香草，荆芥（猫薄荷），木姜子（山苍子）	
	棉、麻和糖	35	棉花	棉花	
		36	麻类	麻	麻包括亚麻、大麻、苎麻等
		37	糖料作物	甘蔗，甜菜，甜叶菊，龙舌兰，糖枫	
	草及割草	38	青饲料植物	紫苜蓿（苜蓿），黑麦草，满江红，羊草，皇竹草，甜象草，老芒麦，构树，柠条，羊茅草	满江红包括绿萍和红萍
	其他纺织用的植物	39	其他纺织用的植物	桑，竹，木棉	
	野生采集	40	野生采集	缬草，毛建草，山菠菜，冬虫夏草，蒴（四叶菜），山葡萄，华西银蜡梅，野草莓，荚果蕨（黄瓜香），山芹，山核桃，荞菜，紫花碎米荠，松子，白柳，鸭舌草，毛豹皮樟，刺嫩芽，地耳，蒲公英，鹿角菜，山苦茶（鹧鸪茶），石耳，塔花，小麦草，灰树花，麻杂菜，山胡椒，余甘子，箬叶	有机产品认证机构可受理植物类和食用菌类目录中产品的野生采集认证，野生采集目录中产品如果需要申请植物生产有机认证，需申请增补

(续表)

大类	产品类别	序号	产品子类别	产品范围	备注
生产——植物类和食用菌类（含野生采集）	中药材	41	中草药	对叶百部，蔓生百部，直立百部，菝葜，百合，卷丹（百合），细叶百合，暗紫贝母（川贝母），川贝母，甘肃贝母（川贝母），梭砂贝母（川贝母），太白贝母（川贝母），滇黄精，多花黄精，黄精，麦冬，平贝母，湖北麦冬（山麦冬），天冬（天门冬），光叶菝葜（土茯苓），小根蒜（薤白），薤（薤白），新疆贝母（伊贝母），伊犁贝母（伊贝母），玉竹，浙贝母，知母，七叶一枝花（华重楼、重楼），云南重楼（滇重楼、重楼），侧柏，金毛狗脊（狗脊），过路黄（金钱草），车前（车前草、车前子），平车前（车前草、车前子），川续断（续断），半枝莲，益母草（茺蔚子），丹参，碎米桠（冬凌草），独一味，广藿香，黄芩，荆芥（荆芥穗），活血丹（连钱草），香青兰（山薄荷），夏枯草，凉粉草（仙草），毛叶地瓜儿苗（泽兰），巴豆，地锦，甘遂，大戟，续随子（千金子），灯心草，梅叶冬青（岗梅），枸骨，补骨脂，皂荚（大皂角、皂角刺、猪牙皂），儿茶，尖叶番泻，狭叶番泻，甘草，野葛（葛根），广金钱草，合欢，多序岩黄芪（红芪），胡芦巴，槐（槐花、槐角），蒙古黄芪，膜荚黄芪，密花豆（鸡血藤），降香檀（降香），	所列产品均以基原植物名列出，基原植物名与药材名差异较大的用括号标注中药名，如碎米桠（冬凌草）

(续表)

大类	产品类别	序号	产品子类别	产品范围	备注
生产——植物类和食用菌类（含野生采集）	中药材	41	中草药	决明（决明子），小决明（决明子），苦参，猫尾草，美丽崖豆藤（牛大力），千斤拔，扁茎黄芪（沙苑子），越南槐（山豆根），刺槐（洋槐），兴安杜鹃（满山红），杜仲，破布叶（布渣叶），茯苓（茯苓皮），赤芝（灵芝），紫芝（灵芝），火木层孔菌（桑黄），猪苓，蝙蝠葛（北豆根），粉防己，金果榄，青牛胆（金果榄），谷精草，白茅，淡竹（淡竹叶、竹茹），芦苇（芦根），黑三棱，榧，云南红豆杉，东北红豆杉，青钱柳，栝楼（瓜蒌、瓜蒌皮、瓜蒌子、天花粉），双边栝楼（瓜蒌、瓜蒌皮、瓜蒌子、天花粉），绞股蓝，罗汉果，土贝母，大马勃，脱皮马勃，紫色马勃，蒺藜，蕺菜（鱼腥草），鸡蛋花，罗布麻，萝芙木，长春花，艳山姜（大草蔻），温郁金（莪术、片姜黄、郁金），广西莪术（莪术、郁金），蓬莪术（莪术、郁金）高良姜，大高良姜（红豆蔻），绿壳砂（砂仁），阳春砂（砂仁），益智，草珊瑚（肿节风），紫花地丁，苘麻，青荚叶（小通草），喜马山旌节花（小通草），中国旌节花（小通草），赶黄草（扯根菜），大花红景天，半边莲，川党参，党参，素花党参，桔梗，轮叶沙参，沙参，艾，白术，苍耳，茅	

(续表)

大类	产品类别	序号	产品子类别	产品范围	备注
生产——植物类和食用菌类（含野生采集）	中药材	41	中草药	苍术，北苍术，除虫菊，川木香，灰毛川木香，蓟，鹅不食草，龙蒿（椒蒿），苦蒿（金龙胆草），菊，款冬（款冬花），柳叶蒿（柳蒿），祁州漏芦，木香，蒜叶婆罗门参，千里光，水飞蓟，土木香，毛梗豨莶，豨莶，腺梗豨莶，刺儿菜（小蓟），野菊，一枝黄花，滨蒿（茵陈），茵陈蒿，紫菀，垫状卷柏，卷柏，穿心莲，苦木，鸦胆子，白及，花叶开唇兰（金线莲），齿瓣石斛，金钗石斛，霍山石斛，天麻，铁皮石斛，地肤，川楝，楝，萹蓄，唐古特大黄，药用大黄，掌叶大黄，何首乌，虎杖，金荞麦，拳参，红蓼（水红花子），头花蓼，管花肉苁蓉，肉苁蓉，粗茎鳞毛蕨（绵马贯众），月见草，龙胆，红花龙胆，条叶龙胆（龙胆），三花龙胆（龙胆），坚龙胆（龙胆），秦艽，麻花秦艽，粗茎秦艽，小秦艽，鹿蹄草（鹿衔草），普通鹿蹄草（鹿衔草），柳叶白前，芫花叶白前，牛皮消，徐长卿，白薇，蔓生白薇，草麻黄，木贼麻黄，中麻黄，黄荆，马鞭草，单叶蔓荆，蔓荆，马齿苋，北马兜铃（天仙藤），马兜铃（天仙藤），北细辛，汉城细辛，华细辛，密蒙花，海蒿子（海藻），蝉棒束孢菌（蝉花），大蝉草（蝉花），北乌头（草乌），小木通（川木通），绣球藤（川木	

（续表）

大类	产品类别	序号	产品子类别	产品范围	备注
生产——植物类和食用菌类（含野生采集）	中药材	41	中草药	通），乌头（川乌、附子），黄连，金莲花，阿尔泰银莲花（九节菖蒲），大三叶升麻，升麻，兴安升麻，东北铁线莲（威灵仙），棉团铁线莲（威灵仙），威灵仙，白头翁，内南五味子（滇鸡血藤），凹叶厚朴，厚朴，华中五味子，五味子，望春花（辛夷），武当玉兰（辛夷），玉兰（辛夷），大血藤，木通（预知子），白木通（预知子），三叶木通（预知子），连翘，女贞，白蜡树（秦皮），尖叶白蜡树（秦皮），苦枥白蜡树（秦皮），宿柱白蜡树（秦皮），木贼，白蔹，三叶崖爬藤（三叶青），乌蔹莓，红麸杨叶上的虫瘿（五倍子），青麸杨叶上的虫瘿（五倍子），盐肤木叶上的虫瘿（五倍子），巴戟天，钩藤，鸡矢藤，茜草，白花蛇舌草，单瓣缫丝花（刺梨），缫丝化（刺梨），山刺玫，鹅绒委陵菜（蕨麻），华东覆盆子，火棘，金樱子，石楠，山桃（桃仁），龙芽草（仙鹤草），欧李（郁李仁），郁李，长柄扁桃（郁李仁），白英，枸杞（地骨皮），宁夏枸杞（地骨皮、枸杞子），颠茄，黑果枸杞，龙葵，莨菪（天仙子），白花曼陀罗（洋金花），接骨木，忍冬（金银花），黄褐毛忍冬（山银花），灰毡毛忍冬（山银花），红腺	

(续表)

大类	产品类别	序号	产品子类别	产品范围	备注
生产——植物类和食用菌类（含野生采集）	中药材	41	中草药	忍冬（山银花），华南忍冬（山银花），芫花，白木香（沉香），白芷，杭白芷，珊瑚菜（北沙参），柴胡，银柴胡，川芎，当归，重齿毛当归（独活），防风，辽藁本（藁本），积雪草，明党参，白花前胡（前胡），宽叶羌活，羌活，蛇床，紫花前胡，槲寄生，桑寄生，莎草（香附），山茱萸，垂序商陆，商陆，菘蓝（板蓝根、大青叶），白芥，芥，玛咖，播娘蒿（葶苈子），独行菜（葶苈子），石松（伸筋草），仙茅，孩儿参（太子参），麦蓝菜（王不留行），绒毛诃子，诃子（西青果），毗黎勒（毛诃子），使君子，酸枣，北枳椇，枳椇，黄独，黄山药，福州薯蓣（绵萆薢），绵萆薢，槲蕨（骨碎补），石韦，金钱松（土荆皮），锁阳，地耳草，独角莲（白附子），半夏，千年健，石菖蒲，东北天南星，天南星，异叶天南星，胖大海，刺五加，人参，三七，通脱木（通草），细柱五加（五加皮），西洋参，川牛膝，牛膝，青葙，东方香蒲（蒲黄），水烛香蒲（蒲黄），阔叶十大功劳，细叶十大功劳，巫山淫羊藿，淫羊藿，地黄，胡黄连，苦玄参，玄参，菟丝子，丁公藤，光叶丁公藤，苎麻，银杏（白果），博落回，延胡索（元胡），	

（续表）

大类	产品类别	序号	产品子类别	产品范围	备注
生产——植物类和食用菌类（含野生采集）	中药材	41	中草药	鸢尾（川射干），射干，番红花（藏红花），瓜子金，远志，橘及其栽培变种（陈皮、橘核、橘红、青皮），黄檗（关黄柏），化州柚（化橘红），黄皮树（黄柏），九里香，千里香（九里香），两面针，三叉苦，酸橙、苦橙、臭橙及其栽培变种（枳壳、枳实），白鲜，吴茱萸，石虎（吴茱萸），疏毛吴茱萸，泽泻，山鸡椒（荜澄茄、山苍子），樟（天然冰片），乌药，内蒙古紫草，新疆紫草，紫金牛（矮地茶），朱砂根，木蝴蝶，冬虫夏草，虎眼万年青，玫瑰茄，鹿茸草，缬草，荜茇，草豆蔻，白豆蔻（豆蔻），独蒜兰（山慈菇），老鹳草，山柰，油松（松花粉、油松节），竹节参，檀香，佩兰，地丁草（苦地丁），甘松，青藤（青风藤），枸橼（香橼），臭椿（椿皮），柽柳（西河柳），地笋（地参），华鼠尾草（石见穿），溪黄草，叶下珠，苏木，彩绒革盖菌（云芝），黄藤，毛青藤（青风藤），山香圆（山香圆叶），风藤（海风藤），常山，络石（络石藤），爪哇白豆蔻（豆蔻），垂盆草，条叶旋覆花（金沸草），鳢肠（墨旱莲），欧亚旋覆花（旋覆花），旋覆花（旋覆花、金沸草），吊石苣苔（石吊兰），杜鹃兰（山慈菇），云南独蒜兰（山慈	

(续表)

大类	产品类别	序号	产品子类别	产品范围	备注
生产——植物类和食用菌类（含野生采集）	中药材	41	中草药	菇），瘤毛獐牙菜（当药），青叶胆，通关藤，杠柳（香加皮），大叶紫珠，广东紫珠，牻牛儿苗（老鹳草），野老鹳草（老鹳草），多被银莲花（两头尖），小毛茛（猫爪草），黄花铁线莲（铁线透骨草），地枫皮，七叶树（娑罗子），天师栗（娑罗子），浙江七叶树（娑罗子），红大戟，齿叶扁核木（蕤仁），蕤核（蕤仁），委陵菜，三白草，野胡萝卜（南鹤虱），黄花草，薿蒇，粉背薯蓣（粉草藓），贯叶连翘（贯叶金丝桃），拟豪猪刺（三颗针），匙叶小檗（三颗针），细叶小檗（三颗针），小黄连刺（三颗针），桃儿七（小叶莲），阴行草（北刘寄奴），短筒兔耳草（洪连），湖北贝母，蓖麻（蓖麻子），薄竹（天竺黄），青皮竹（天竺黄），大头典竹（竹茹），青秆竹（竹茹），木鳖（木鳖子），木芙蓉（木芙蓉叶），蓼蓝（蓼大青叶），软枣猕猴桃（藤梨根），南酸枣（广枣），马尾松（松花粉、油松节），全叶苦苣菜（北败酱），广州相思子（鸡骨草），黄花蒿（青蒿），马蓝（南板蓝根），天葵（天葵子），石竹（瞿麦），凌霄（凌霄花），野木瓜	
生产——畜禽类	牲畜	42	牛	肉牛，奶牛，乳肉兼用牛，牛乳	所有动物包含其毛、绒等副产品

（续表）

大类	产品类别	序号	产品子类别	产品范围	备注
生产——畜禽类	牲畜	43	马	马，马乳	所有动物包含其毛、绒等副产品
		44	猪	猪	
		45	羊	绵羊，山羊，羊乳	
		46	骆驼	骆驼，骆驼乳	
		47	其他牲畜	驴，驴乳，鹿，羊驼	
	家禽	48	鸡	鸡，鸡蛋	
		49	鸭	鸭，鸭蛋	
		50	鹅	鹅，鹅蛋	
		51	其他家禽	火鸡，鹌鹑，鹌鹑蛋，鸵鸟，鸵鸟蛋，鹧鸪	
	其他畜牧业	52	兔	兔	
		53	其他未列明畜牧业	蚕，蚕茧，黄粉虫，蚯蚓	
生产——水产类	水产（含捕捞）	54	海水鱼	鲱，鲑，鳗鲡，海鳗，鳕，军曹鱼，鲷，鲉，鲈，鲆，鲽，鳎，鳟，鲀，鲳，文昌鱼，大黄鱼，小黄鱼	
		55	淡水鱼	青鱼，草鱼，鲢，鳙，鲤，鳜，鲟，鲫，鮠，黄鳝，鳊，罗非鱼，鲂，鲴，乌鳢，鳡，鲮，鲵，鮰（鲶鱼），鳕（梭鱼），鳘条鱼，狗鱼，雅罗鱼，池沼公鱼，团头鲂（武昌鱼），黄颡鱼，泥鳅，河鳟（亚东鱼），银鱼，丁鱥，梭鲈，河鲈，江鳕，东方欧鳊，银鲫，白鱼	白鱼包括鱎浪白鱼
		56	虾类	虾	
		57	蟹类	蟹	

(续表)

大类	产品类别	序号	产品子类别	产品范围	备注
生产——水产类	水产（含捕捞）	58	无脊椎动物	牡蛎，鲍，螺，蛤类，蚶，河蚬，蛏，西施舌，蛤蜊，河蚌，水母，海参，卤虫，单环刺螠，海胆，扇贝	
		59	两栖和爬行类动物	鳖，乌龟，大鲵	
		60	藻类	海带，紫菜，裙带菜，麒麟菜，江蓠，羊栖菜，螺旋藻，蛋白核小球藻	
加工	粮食加工品	61	小麦粉	通用小麦粉，专用小麦粉，麦麸	
		62	大米	大米，糙米，碎米，米糠	
		63	挂面	挂面	挂面包括普通挂面、花色挂面、手工面
		64	其他粮食加工品	谷物加工品，谷物碾磨加工品，谷物粉类制成品	谷物加工品包括高粱米、黍米、稷米、小米、黑米、紫米、红线米、小麦米、大麦米、裸大麦米、莜麦米（燕麦米）、荞麦米、薏仁米、蒸谷米、八宝米类、杂粮及混合杂粮类；谷物碾磨加工品包括玉米糁、玉米粉、燕麦片、汤圆粉（糯米粉）、莜麦粉、玉米自发粉、小米粉、高粱粉、荞麦粉、大麦粉、青稞粉、杂面粉、

附录 3
有机产品认证目录

（续表）

大类	产品类别	序号	产品子类别	产品范围	备注
加工	粮食加工品	64	其他粮食加工品	谷物加工品，谷物碾磨加工品，谷物粉类制成品	大米粉、绿豆粉、黄豆粉、红豆粉、黑豆粉、豌豆粉、芸豆粉、蚕豆粉、黍米粉（大黄米粉）、穄米粉（糜子面）、混合杂粮粉；谷物粉类制成品包括生湿面制品、生干面制品、米粉制品
	肉及肉制品	65	鲜（冻）肉	热鲜肉，冷鲜（冷却）肉，冷冻肉，食用副产品	热鲜肉指屠宰后未经人工冷却过程的肉；冷鲜（冷却）肉：在低于0℃环境下，将肉中心温度降低到（0～4℃），而不产生结晶的肉；冷冻肉指在低于-23℃环境下，将肉中心温度降低至≤-15℃的肉；食用副产品指畜禽屠宰、加工后，所得内脏、脂、血液、骨、皮、头、蹄（或爪）、尾等可食用的产品
		66	热加工熟肉制品	酱卤肉制品，熏烧烤肉制品，肉灌制品，油炸肉制品，熟肉干制品，其他热加工熟肉制品	酱卤肉制品包括酱卤肉类、糟类、白煮肉类等；熏烤肉制品包括熏肉、烤肉、烤鸡腿、烤鸭、烤

· 213 ·

（续表）

大类	产品类别	序号	产品子类别	产品范围	备注
加工	肉及肉制品	66	热加工熟肉制品	酱卤肉制品，熏烧烤肉制品，肉灌制品，油炸肉制品，熟肉干制品，其他热加工熟肉制品	鸡、叉烧肉；肉灌制品包括灌肠类、西式火腿；油炸肉制品包括炸猪皮、炸鸡翅、炸肉丸；熟肉干制品包括肉松类、肉干类、肉脯；其他热加工熟肉制品包括熟培根、熟腊肉、肉糕类、肉冻类（肉皮冻、水晶肉）、血豆腐
		67	发酵肉制品	发酵肉制品	发酵肉制品包括发酵灌肠制品、发酵火腿制品
		68	预制调理肉制品	冷藏预制调理肉制品，冷冻预制调理肉制品	
		69	腌腊肉制品	腌腊肉制品	包括咸肉类、腊肉类、风干肠类、风干鹅、腌制猪肘、中国火腿、生培根、生香肠和生发酵香肠等
	食用油、油脂及其制品	70	食用植物油	食用植物油	包括菜籽油、大豆油、花生油、葵花籽油、棉籽油、亚麻籽油、油茶籽油、玉米油、米糠油、芝麻油、棕榈油、橄榄油和食用调和油等

（续表）

大类	产品类别	序号	产品子类别	产品范围	备注
加工	食用油、油脂及其制品	71	食用动物油脂	食用动物油脂	包括猪油、牛油、羊油、鸡油、鸭油、鹅油、骨髓油和鱼油等
		72	植物油加工副产品	植物油加工副产品	包括豆饼和花生饼等
	调味品	73	酱油	酿造酱油	
		74	食醋	酿造食醋	
		75	酱类	酿造酱	包括稀甜面酱、甜面酱、大豆酱（黄酱）、蚕豆酱、豆瓣酱、大酱等
		76	调味料	半固态（酱）调味料，固态调味料，液体调味料	半固态（酱）调味料包括花生酱、芝麻酱、辣椒酱等；固态调味料包括酱油粉、食醋粉、酱粉、咖喱粉、香辛料粉等；液体调味料包括料酒、香辛料调味汁、素蚝油、鱼露、糟卤等
	乳制品	77	液体乳	巴氏杀菌乳，调制乳，灭菌乳，发酵乳，高温杀菌乳	
		78	乳粉	全脂乳粉，脱脂乳粉，部分脱脂乳粉，调制乳粉，牛初乳粉，基粉	
		79	其他乳制品	炼乳，奶油，稀奶油，无水奶油，干酪，再制干酪，干酪制品，乳清粉（液），乳糖，黄油，酪蛋白，乳铁蛋白，乳清蛋白析出液，乳清蛋白粉，浓缩牛奶蛋白	

(续表)

大类	产品类别	序号	产品子类别	产品范围	备注
加工	饮料	80	茶（类）饮料	茶（类）饮料	包括原茶汁（茶汤）、茶浓缩液、茶饮料、果汁茶饮料、奶茶饮料、复合茶饮料和混合茶饮料等
		81	果蔬汁类及其饮料	果蔬汁（浆），浓缩果蔬汁（浆），果蔬汁（浆）类饮料	
		82	蛋白饮料	含乳饮料，植物蛋白饮料，复合蛋白饮料	
		83	固体饮料	风味固体饮料，蛋白固体饮料，果蔬固体饮料，茶固体饮料，咖啡固体饮料，可可粉固体饮料	
		84	其他饮料	咖啡（类）饮料，植物饮料	植物饮料包括可可饮料、谷物类饮料（如五谷营养粥）、草本（本草）饮料（如石斛汁）、食用菌饮料和藻类饮料等，不包括果蔬汁类及其饮料、茶（类）饮料和咖啡（类）饮料
	冷冻饮品	85	冷冻饮品	冰淇淋（冰激凌）	
	方便食品	86	方便面	方便面	

(续表)

大类	产品类别	序号	产品子类别	产品范围	备注
加工	方便食品	87	其他方便食品	主食类方便食品，冲调类方便食品	主食类方便食品包括方便米饭、方便粥、方便米粉、方便米线、方便粉丝、方便湿米粉、方便豆花、方便湿面和凉粉等；冲调类方便食品包括麦片、黑芝麻糊、红枣羹、油茶和谷物粉等
		88	调味面制品	调味面制品	
	饼干	89	饼干	饼干	
	罐头	90	畜禽水产罐头	畜禽水产罐头	包括火腿类罐头、肉类罐头、牛肉罐头、羊肉罐头、鱼类罐头、禽类罐头和肉酱类罐头等
		91	果蔬罐头	水果罐头，蔬菜罐头	
		92	其他罐头	其他罐头	包括果仁类罐头、八宝粥罐头
	速冻食品	93	速冻面米食品	速冻面米食品（生制品），速冻面米食品（熟制品）	包括速冻生饺子、速冻包子、速冻汤圆、速冻粽子、速冻面点、速冻其他面米制品
		94	速冻调制食品	速冻调制食品（生制品），速冻调制食品（熟制品）	
		95	速冻其他食品	速冻肉制品，速冻水产品，速冻果蔬制品	

(续表)

大类	产品类别	序号	产品子类别	产品范围	备注
加工	薯类和膨化食品	96	膨化食品	膨化食品（焙烤型），膨化食品（直接挤压型），膨化食品（花色型）	
		97	薯类食品	干制薯食品，冷冻薯食品，薯泥（酱）食品，薯粉食品	
	糖果制品	98	巧克力及巧克力制品	巧克力	
	茶叶及相关制品	99	茶叶	绿茶，红茶，乌龙茶，白茶，黄茶，黑茶，花茶，袋泡茶，紧压茶	花茶包括茉莉花茶、珠兰花茶、桂花茶；袋泡茶包括绿茶袋泡茶、红茶袋泡茶、花茶袋泡茶；紧压茶包括普洱茶（生茶）紧压茶、普洱茶（熟茶）紧压茶、六堡茶紧压茶、白茶紧压茶
		100	茶制品	茶粉，固态速溶茶，茶浓缩液，茶膏，调味茶制品	茶粉包括绿茶粉、红茶粉等；固态速溶茶包括速溶红茶、速溶绿茶等；茶浓缩液包括红茶浓缩液、绿茶浓缩液等；茶膏包括普洱茶膏、黑茶膏等；调味茶制品包括调味茶粉、调味速溶茶、调味茶浓缩液和调味茶膏等

（续表）

大类	产品类别	序号	产品子类别	产品范围	备注
加工	茶叶及相关制品	101	调味茶	调味茶	包括八宝茶、三泡台、枸杞绿茶、玄米绿茶、柠檬红茶、草莓绿茶、柠檬枸杞茶、玫瑰袋泡红茶和荷叶茯砖茶等
		102	代用茶	代用茶	代用茶原料仅限使用列入本目录中1—41产品子类别的产品（茶除外），包括荷叶、桑叶、薄荷叶、苦丁茶、杭白菊、金银花、大麦茶、枸杞子、决明子、苦瓜片、罗汉果、柠檬片、甘草、牛蒡根、人参、荷叶玫瑰茶、枸杞菊花茶、桑叶袋泡茶、紧压菊花等
	酒类	103	白酒	白酒	
		104	葡萄酒及果酒	葡萄酒，冰葡萄酒，其他特种葡萄酒，发酵型果酒	
		105	啤酒	熟啤酒，生啤酒，鲜啤酒，特种啤酒	
		106	黄酒	黄酒	

(续表)

大类	产品类别	序号	产品子类别	产品范围	备注
加工	酒类	107	其他酒	配制酒，其他蒸馏酒，其他发酵酒	配制酒（限于以白酒为配基，使用列入本目录中1—41的种植类产品或植株某部分）包括露酒、枸杞酒和枇杷酒等；其他蒸馏酒包括白兰地、威士忌、俄得克、朗姆酒、水果白兰地和水果蒸馏酒等；其他发酵酒包括清酒、米酒（醪糟）和奶酒等
		108	食用酒精	食用酒精	
	蔬菜制品	109	酱腌菜及保藏蔬菜	酱腌菜，保藏蔬菜	酱腌菜包括调味榨菜、腌萝卜、腌豇豆、酱渍菜、虾油渍菜和盐水渍菜等
		110	蔬菜干制品	自然干制蔬菜，热风干燥蔬菜，冷冻干燥蔬菜，蔬菜脆片，蔬菜粉及制品	
		111	食用菌制品	干制食用菌，腌渍食用菌	
		112	其他蔬菜制品	黑蒜	
	水果制品	113	水果制品	水果干制品，果酱	
	炒货食品及坚果制品	114	炒货食品及坚果制品	烘炒类食品及坚果制品，油炸类食品及坚果制品，其他炒货食品及坚果制品	

附录 3
有机产品认证目录

（续表）

大类	产品类别	序号	产品子类别	产品范围	备注
加工	蛋制品	115	蛋制品	再制蛋类	包括皮蛋、咸蛋、糟蛋、卤蛋和咸蛋黄等
	可可及焙烤咖啡产品	116	可可制品	可可制品	包括可可粉、可可脂、可可液块、可可饼块等
		117	焙炒咖啡	焙炒咖啡	包括焙炒咖啡豆、咖啡粉等
	食糖	118	糖	白砂糖，绵白糖，赤砂糖，冰糖（单晶体冰糖、多晶体冰糖），方糖，冰片糖，红糖，复配糖，椰子花糖，糖蜜	复配糖如姜红糖等；糖蜜是制糖过程中将提纯的甘蔗汁或甜菜汁浓缩至带有晶体的糖膏，用离心机分离出结晶糖后剩余的母液
	水产制品	119	非即食水产品（部分见速冻水产品）	干制水产品，盐渍水产品，鱼糜制品	干制水产品包括虾米、虾皮、干贝、鱼干、鱿鱼干、干燥裙带菜、干海带、紫菜、干海参、干鲍鱼等；盐渍水产品包括盐渍海带、盐渍裙带菜、盐渍海蜇皮、盐渍海蜇头、盐渍鱼等；鱼糜制品包括鱼丸、虾丸、墨鱼丸、虾酱等
		120	即食水产品	风味熟制水产品，生食水产品	

(续表)

大类	产品类别	序号	产品子类别	产品范围	备注
加工	淀粉及淀粉制品	121	淀粉及淀粉制品	淀粉，淀粉制品	淀粉包括谷类淀粉（大米、玉米、高粱、麦等）；薯类淀粉（木薯、马铃薯、甘薯、芋头等）；豆类淀粉（绿豆、蚕豆、豇豆、豌豆等）；其他淀粉（藕、荸荠、百合、蕨根等）；淀粉制品包括粉丝、粉条、粉皮、虾片等
	糕点	122	热加工糕点	热加工糕点	包括烘烤类糕点、油炸类糕点、蒸煮类糕点、炒制类糕点和其他热加工糕点等
		123	冷加工糕点	冷加工糕点	包括熟粉糕点、西式装饰蛋糕类、上糖浆类、夹心（注心）类、糕团类、其他冷加工糕点等
		124	食品馅料	食品馅料	包括月饼馅料等
	豆制品	125	豆制品	发酵性豆制品，非发酵性豆制品，其他豆制品	发酵性豆制品包括腐乳、豆豉、纳豆、豆汁等；非发酵性豆制品包括豆浆、豆腐、豆腐泡、熏干、豆腐脑、豆腐干、腐竹、豆腐皮等；其他豆制品包括素肉、大豆组织蛋白、膨化豆制品等

（续表）

大类	产品类别	序号	产品子类别	产品范围	备注
加工	婴幼儿配方食品	126	婴幼儿配方乳品	婴幼儿配方乳粉，婴幼儿配方液态乳	婴幼儿配方乳粉包括婴儿配方乳粉、较大婴儿配方乳粉和幼儿配方乳粉等
	特殊膳食食品	127	婴幼儿谷类辅助食品	婴幼儿谷物辅助食品，婴幼儿高蛋白谷物辅助食品，婴幼儿生制类谷物辅助食品，婴幼儿饼干或其他婴幼儿谷物辅助食品	
		128	婴幼儿罐装辅助食品	婴幼儿泥（糊）状罐装食品，婴幼儿颗粒状罐装食品，婴幼儿汁类罐装食品	婴幼儿泥（糊）状罐装食品包括婴幼儿果蔬泥、婴幼儿肉泥、婴幼儿鱼泥等；婴幼儿颗粒状罐装食品包括婴幼儿颗粒果蔬泥、婴幼儿颗粒肉泥、婴幼儿颗粒鱼泥等；婴幼儿汁类罐装食品包括婴幼儿水果汁、婴幼儿蔬菜汁等
	其他食品	129	其他食品	二十二碳六烯酸，花生四烯酸油脂，1,3-二油酸-2-棕榈酸甘油三酯（OPO），核苷酸，低聚果糖，低聚半乳糖，溶豆，含乳固态成型制品，甜菊糖苷，多聚果糖，葡萄糖浆，麦芽糖，麦芽糊精，蜜饯，槭糖浆（枫糖浆），龙舌兰糖浆，麦芽	含乳固态成型制品包括奶干、奶豆、含乳片等

(续表)

大类	产品类别	序号	产品子类别	产品范围	备注
加工	饲料	130	饲料	全价配合饲料	
				浓缩饲料	
				精料混合料	用于饲喂反刍动物
				单一饲料	包括豆饼、玉米、麸皮、干草等
	中药材加工制品	131	植物类中药材加工制品	植物类中药材加工制品	以"生产"部分1—41产品子类别中可作为中药材的产品为原料,经切碎、干燥、碾磨等物理工艺加工的产品
	天然纤维及其制成品	132	天然纤维	竹纤维,蚕丝,皮棉,麻,木棉	
		133	纺织制成品	纱、线、丝、布及其制成品	

注:1. 获得有机产品认证的植物类产品可包括该产品的整个植株或者植株的某一部分。例如葡萄获得有机产品认证,其葡萄籽和葡萄叶无须另外申请认证。

2. 认证委托人在生产基地外对新鲜蔬菜、水果、杂粮产品进行包装的,认证机构可根据 GB/T 19630—2019《有机产品 生产、加工、标识与管理体系要求》标准的4.2.11条款对包装场所进行检查,符合要求后颁发"生产"范围认证证书。

3. 备注栏内容仅为针对产品名称的举例,认证机构可受理举例之外产品的认证申请。

认监委关于发布新版《有机产品认证证书编号规则》和《有机产品认证标志编码规则》的公告

2022年第8号

为进一步完善有机产品认证制度，规范有机产品认证证书、标志使用和管理，根据《中华人民共和国认证认可条例》和《有机产品认证管理办法》（原质检总局令第155号）等规定，认监委对2019年11月6日发布的《有机产品认证实施规则》（认监委公告2019年第21号）附件中的《有机产品认证证书编号规则》和《国家有机产品认证标志编码规则》进行了修订。现将修订后的《有机产品认证证书编号规则》和《有机产品认证标志编码规则》予以发布，并就有关事项公告如下：

一、新版《有机产品认证证书编号规则》和《有机产品认证标志编码规则》自发布之日起施行。

二、自公告发布之日起至2023年12月31日期间为新版《有机产品认证标志编码规则》实施过渡期。过渡期内，认证机构库存的按照旧版有机产品认证标志编码规则生成的有机码，可在中国食品农产品认证信息系统备案。各有机产品认证机构应按照新版《有机产品认证标志编码规则》修订管理体系文件，并做好宣贯工作。2024年1月1日起，认证机构应按照新版《有机产品认证标志编码规则》在中国食品农产品认证信息系统备案有机码。

三、认证机构应优先选择使用二维码查询方式。按照新版《有机产品认证标志编码规则》生成与有机码一一对应的二维码，向社会公众提供更加便捷的有机码查询方式。

附件：1.有机产品认证证书编号规则
2.有机产品认证标志编码规则

国家认证认可监督管理委员会
2022年6月30日

附件1

有机产品认证证书编号规则

有机产品认证采用统一的认证证书编号规则。认证机构在中国食品农产品认证信息系统中录入认证证书、检查组、检查报告、现场检查照片等相关信息,经格式校验合格后,由系统自动赋予认证证书编号,认证机构不得自行编号。

示例:

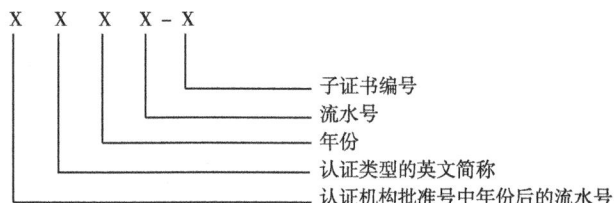

一、认证机构批准号中年份后的流水号

认证机构批准号的编号格式为"CNCA-R/RF-年份-流水号",其中R表示内资认证机构,RF表示外资认证机构,年份为4位阿拉伯数字,流水号是内资、外资分别流水编号。

内资认证机构认证证书编号为该机构批准号的3位或4位阿拉伯数字流水号;外资认证机构认证证书编号为F+该机构批准号的2位或3位阿拉伯数字流水号。

二、认证类型的英文简称

有机产品认证英文简称为OP。

三、年　份

采用年份的最后2位数字,例如2022年为22。

四、流水号

为某认证机构在某个年份该认证类型的流水号,5位阿拉伯数字。

五、子证书编号

如果某张证书有子证书,那么在母证书号后加"-"和子证书顺序的阿拉伯数字。

六、其　他

再认证时,证书号不变。

附件2

有机产品认证标志编码规则

为保证有机产品认证标志的基本防伪与追溯，防止假冒认证标志和获证产品的发生，各认证机构在向获证组织发放认证标志或允许获证组织在产品标签上印制认证标志时，应赋予每枚认证标志一个唯一的编码（有机码），其编码由认证机构代码、认证标志印制年份代码和认证标志发放随机码组成。

示例：

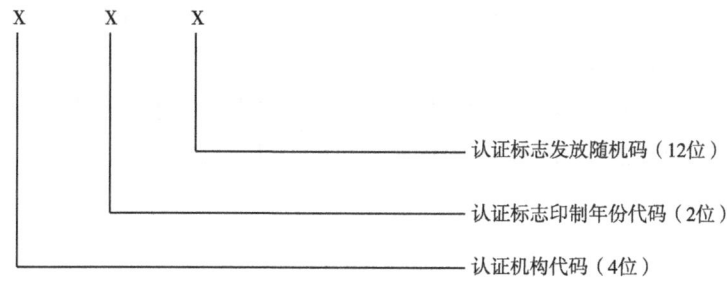

一、认证机构代码（4位）

认证机构代码共4位，由认证机构批准号中年份后的流水号按如下规则构成：

内资认证机构代码取认证机构批准号的3位或4位阿拉伯数字流水号，不足4位在前面加零补齐。例如认证机构批准号为CNCA-R-2002-001，认证机构代码为0001，认证机构批准号为CNCA-R-2022-1001，认证机构代码为1001。

外资认证机构代码首位为数字9，后三位取认证机构批准号的2位或3位阿拉伯数字流水号，不足3位在前面加零补齐。例如认证机构批准号为CNCA-RF-2002-07，认证机构代码为9007。

有机产品认证体系等效性备忘录框架下的境外认证机构代码首位为数字8，后面3位取认监委确定的流水号，不足3位在前面加零补齐。

二、认证标志印制年份代码（2位）

采用年份的最后2位数字，例如2022年为22。

三、认证标志发放随机码（12位）

该代码是认证机构发放认证标志数量的12位阿拉伯数字随机号码。数字产生的随机规则由各认证机构自行制定。

四、有机码二维码

认证机构应优先选择使用二维码查询，生成与有机码一一对应的二维码，向社会公众提供更加便捷的有机码查询方式。

（一）二维码生成规则

认证机构可以通过软件程序或工具批量制作有机码二维码。由"认监委指定查询网址（https://f.cnca.cn/f/?p=）+有机码"生成唯一的有机码二维码。

（二）二维码尺寸规格

根据获证产品或获证产品最小销售包装的尺寸、印刷技术，确定二维码的印刷尺寸，宜不小于7mm×7mm，其分辨率宜不小于300PX×300PX。

（三）二维码查询

社会公众使用认监委官方的有机码查询微信小程序扫描二维码，经过系统安全验证，系统自动展示符合查询条件的有机码及认证证书信息。